U0098312

とうきょう　　　　　スロー　　　トラベル

東京慢旅

我的私藏旅居手帖，漫步東京、窩下日常

作者序

PREFACE

　　自從五年前寫了第一本書後，我就告訴自己千萬別再做這種吃力不討好的事了！也許有人會認為，這年頭什麼樣的人都有機會出書，就算只是在網路上分享一些有的沒的，也很有可能會被請去寫一本書。然而在我寫了第一本書後深刻體會到，的確任何人都可以出書，但要寫出一本書來是要花上多少個日子、多少個大家都睡著的夜晚，以及在自己做完所有該做的事後所剩餘的時間裡，慢慢琢磨、細細推敲，一字一句從自己的思緒和經歷中抽絲剝繭、去蕪存菁，才能堆砌出一本好幾萬字、好幾百頁的書。結果沒想到我又掉入了這個坑裡，這次還是個黑洞，竟寫出了一本超過十萬字的書，且前後花了三年！

　　疫情爆發前，出版社的前總編輯親自再度邀請我寫一本只有在地人能寫的旅遊書，她對我說：「我想出一本以在地人的角度來分享的生活旅遊書，這本書希望和以往市面上大部分著重在潮流觀光景點的書有所不同，而是偏向比較少人去觸碰的下町街道探險、在地人的生活日常，以及有故事性的美食口袋名單。」前總編輯繼續用她閃閃發亮、彷彿找到獵物般的眼神說：「我想要一本有在地生活感的旅遊書，當旅人拿著它去東京探險時，不是走馬看花地趕著跑觀光行程，而是能夠放慢腳步當半個當地人，所以這本書只有妳能寫！」

　　於是我被打動了，我被那句「這本書只有妳能寫」激發了動力！想想自己就跟家人們住在東京下町，而且家裡那些日本人的老家也在

下町，日常生活出沒的地點幾乎都在下町，所以這本偏向在下町街道探險的「東京慢旅」真的很適合由我來寫。但萬萬沒料到的是，這書一寫竟寫了三年，原因是疫情爆發了！

當疫情爆發後，我的書其實已接近尾聲，但由於疫情來勢洶洶，讓人措手不及，東京發布緊急事態宣言來來回回好幾次，國際旅遊也陷入停擺的狀態，我被告知這本書將被暫時冰封了，因為沒有人可以拿著它來東京慢旅！以下省略一千字（發生太多事……）。

總算到了今年，當疫情慢慢被當作生活的一部分後，我也被告知我的書解凍了，此時有一種感覺，好像這本書和疫情之間有著連體嬰的牽連（我不要啊！）。雖然「東京慢旅」終於有出版的曙光，但卻發現在經過疫情的肆虐後，許多店家和觀光景點的資訊多有改變，且一變再變，甚至倒店關門的都有，所以我得全部再更新一次。因此若大家發現書裡的店家資訊和實際有出入時千萬別怪我，不是我沒有仔細查證，而是他們可能在書出版後又變了啊！

花了三年的時光，店家資訊改了又改的這本書，比之前我寫的第一本還讓人心累。但如果大家可藉由此書感到一點療癒舒心，同時讓未來的東京之旅更當地化的話，這些心累就不算什麼了。相信很多人在旅遊開放後會選擇東京作為第一趟的日本旅行，很榮幸有機會讓「東京慢旅」陪伴這具紀念性的第一次，謝謝大家！

推薦序一

FOREWORD I

　　平常打開大塚太太的粉絲團貼文，總有種來到一戶親切的人家中做客吃頓飯的感覺。然而當翻開這本書時，那股她打從心裡散發出的溫柔與熱情也能從字字句句中感受到。不同的是，這一次就像走進一座名為「東京」的博物館，由大塚太太為每位旅人詳細導覽之餘，也不忘分享實際造訪時的感動。讓人覺得即便無法立即前往該處，也能透過充滿魅力與誠懇的文字及照片，開始期待，甚至湧起計畫下一趟旅行的動力。

　　不管你去過東京幾次，或是還未曾有機會前往，相信都在書中找到適合自己的東京慢旅行。

旅日作家・東京不只是留學版主

推薦序二

FOREWORD II

　　一向是大塚太太的忠實粉絲，單是風雨不改，幾乎每天分享家庭軼事、旅遊見聞，就很佩服這媽媽兼太太的毅力，在這麼繁忙的生活裏還能寫下這本書，更感太太對寫作旅遊的熱情。在日本生活多年，蜻蜓點水式的景點介紹，我是無感，翻開太太寫的每一章節，卻是津津有味。就像媽媽寫給剛為人母女兒的旅遊筆記，每一個分享滿載心得觀察，最喜歡是有很多小孩活動提案，邊看邊幻想到帶著孩子去玩的情景。富士山的一章十分吸引。以「可以近距離欣賞富士山，還可以一邊觀賞富士山一邊讓小孩不無聊有活動做」為題設計的行程，完全擊中媽媽的心，原本沒想過的旅行，看完也立刻在腦海模擬企劃起來。我想，一本成功的旅遊書，就是要這樣，令人有立刻出發的衝動。

　　作為新手媽媽，每天照顧寶寶都過得很忙，但看過這本書，又覺得假以時日當媽也可以很自在，像大塚太太般咖啡店偷閒、小巷小店遊走發現，就算現在不能抽身前往，單是閱讀幻想身在其中就是一種治癒。

　　媽媽需要跟著玩，也需要有這種會玩會寫的前輩典範鼓勵。所以，這本書，當媽的要看，不當媽也一定要買來送給媽媽看（笑）。

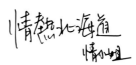

情熱北海道
情小姐

目錄

CONTENTS

CHAPTER
01

東京巷弄裡的
探險 & 下町散策

東京の路地裏巡り、下町散策

CHAPTER

02

東京人的休日～
從東京出發的輕旅遊提案

東京から行く日帰り旅行

　　當愈來愈多機會到東京旅遊時，那些主要的觀光景點是不是已經膩了？其實如果放慢腳步、細細品嘗的話，東京這個城市還有著發掘不完的魅力。讓我們以一種在地生活的心情與節奏來感受，東京慢旅有許多不同的面貌和玩法。這一篇章節將挑選幾個有趣的東京巷弄探險和下町散策，也是平常大塚太太與朋友、家人們喜歡

東京巷弄裡的 探險＆下町散策

尋寶散心的地方。無論是一個人還是三五成群都可以在這些地方感受到療癒的魅力所在，建議請帶著一個不急不徐的慢活態度與熱情擁抱新舊事物的心情，相信一定會滿載而歸的！

清澄白河一日遊
文青優雅氣息、古典與現代交錯的
融合下町人情味、熱門咖啡風潮、

清 澄白河這一區是一個值得慢慢探訪的趣味街道，融合下町人情味、熱門咖啡風潮、文青優雅氣息、古典與現代交錯等的特色，無論是求沉靜、求閒暇、求風雅或單純尋求美食的旅人來說，清澄白河從早上的 Brunch 開始就很精彩。

🌸 iki Espresso 悠閒早午餐

從早上8點就開始營業的「iki Espresso」最適合早起的鳥兒們來這裡享用早餐，用早晨的悠閒時光吸取滿滿的養分來迎接一天的開始。無論早起或睡到自然醒，建議可以先從這裡的早餐當作起點，他們提供高品質的自家烘焙咖啡與各種豐盛美味的早午餐，One Plate 的綜合組合和班尼迪克蛋與煙燻鮭魚或培根的搭配，是頗受歡迎的菜色。再

點一杯咖啡，於開放明亮的空間裡坐下來，感受下町裡不變的在地時光，就讓時間在寧靜中慢慢逝去，可說是一種奢華的享受。

另外，「iki Espresso」的法式吐司和Ricotta起司鬆餅也頗有人氣，連櫃檯旁櫥窗裡的各式甜點都非常吸引人，下午茶時間來這裡喝杯咖啡、享用甜點，是不錯的選擇。二樓的靠窗沙發座位彷彿有種屬於自己的獨立空間，在晴朗的日子裡，店家會把窗戶微微打開，讓微風徐徐吹進來。雖然外面沒有繁華熱鬧的街景，也沒有青山綠水般的景致，有的只是下町街道裡的庶民日常生活風情，但這就是當地人在生活中偷得浮生半日閒有趣的地方，希望你也能幸運坐到這個位置！

INFORMATION

iki Espresso
🏠 東京都江東區常盤2-2-12
🕐 星期一～五08：00～17：00；星期六、日 08：00～18：00
🌐 www.iki-espresso.com

🌸 在清澄庭園感受都市裡的日式寧靜

寧靜優雅、四季皆美的清澄庭園，並列東京九大庭園之一，庭園中間有一個寬闊美麗的湖泊，湖水引自鄰近的隅田川。清澄庭園是一種「回遊式林泉庭園」，園中有小橋、有涼亭、有石頭、有流水、地勢有高有低、有魚、有龜，還有各種棲息在湖邊的鳥類，儼然成為一個自然生態環境，卻又處處充滿日式人文風情。在四周都是現代化建築物的襯托下，清澄庭園顯得格外優雅清新，猶如一處都市中的綠洲，療癒著當地居民和遠道而來旅人的心。

庭園後方有個自成一局的涼亭與空間，備有木質桌椅可供遊客們野餐，根據規定，只要是付費的庭園就不可以在裡面鋪野餐墊，野餐墊只適用於一般公園。四季在這個庭園裡盡情地留下精彩的顏色，春天的櫻花、夏天的綠葉、秋天的紅葉和冬天的枯枝各有不同的風味，一年四季都美的清澄庭園是許多人會去野餐散步的好地方！

庭園裡除了讓人可以輕鬆悠閒地散步外，這裡還有一個很有趣的活動，尤其是小孩們非常樂在其中，那就是餵食在湖中棲息的各種生物。千萬別小看庭園裡的這一座湖泊，裡面居住著數量多到讓人難以想像的鯉魚，各種顏色都有，且有的尺寸大到令人嘖嘖稱奇。此外還有烏龜、鱉、鴨子、各種鳥類，以及季節性在此停留的候鳥也能看到其蹤跡。建議大家不妨到附近超商裡買一種麵麩（日文稱作お麩）來當飼料，園方規定只能用這一種食物，因為其他的東西可能會引起動物們消化不良，所以請大家注意一下。

INFORMATION

清澄庭園
🏠 東京都江東區清澄3-3-9
💰 一般150元、65歲以上70元（小學生及都內在學的中學生免費）
🕐 09：00 ～ 16：30（閉園17：00）
🌐 www.tokyo-park.or.jp/park/format/index033.html

🌸 新舊商店交錯的深川資料館商店街

沿著清澄通道的大馬路繼續走，會發現清澄庭園的對面有一個深川資料館通道商店街，是一條新舊商店並立、老時光中參雜著幾分現代感，各種元素一起交織出別有風味的商店街。在這裡特別挑選出幾間頗具特色的商店跟大家分享，這種處於沉靜中的地方庶民文化，適合忙碌中的旅人們來這裡沉澱一下，會發現有時放慢腳步竟有意想不到的效果。

在進入深川資料館商店街一開頭的地方，有一間人氣紅茶專賣店「TEA POND」，店面雖然規模不大，但它高雅獨特的外觀設計，加上常常門庭若市

的景象，讓經過的路人很難忽略它的存在，專程從各地來購買的客人也不少。「TEAPOND」提供世界各地嚴選的高品質紅茶，以及採用各類香草及果實，自行調配出各種口味的花草茶。店裡也有一些伴手禮禮盒、茶器、各種泡茶的小道具，以及適合搭配紅茶的自創品牌巧克力。

「TEAPOND」的旁邊是一間販賣和式食器的商店「青葉堂」，精緻小巧的店裡展示著兼具質感與美感的各類食器、餐具與生活雜貨，是店主走訪日本各地精心挑選收集而來。九州的有田燒、石川的九谷燒、岐阜的美濃燒、京都的京燒等，都可以在店裡找到蹤跡，樸實內斂卻藏不住鋒芒，深深吸引著喜愛追求生活美學與講求餐桌風景的人。

「青葉堂」的對面是一間顯眼的日本傳統零食專賣店「江戶みやげ屋 たかはし」，專賣古早味童玩和駄菓子（懷舊零食），老闆總是穿著古代的庶民服裝熱情地招待客人。不僅吸引了許多小孩入內尋寶，連大人也感到濃厚的趣味，雖然都是日本人小時候的懷舊商品，但藉由這些東西令人回想起以前的童年時光，赤子之心頓時復甦！

傳統零食店附近有一間店面小巧、本來不太容易被察覺的麵包店「Boulangerie Panta Rhei」，但由於現烤出來的麵包太有人氣，往往門口會出現排隊的人潮而吸引過客的眼光。如果跟著排隊進去後會發現，裡面的各種口味麵包非常迷人，他們的紅豆奶油和巧克力夾心麵包讓人一吃就愛上。

■1 TEAPOND；■2 Boulangerie Panta Rhei。

近來這條商店街雖然在漸漸變化中，少數不變的是有幾間我非常喜歡的老店鋪，其中要特別介紹一間傳統關東煮專賣店，它的名字就叫「美好」。可以買到各種食材回家自己料理，也有熱騰騰的現煮關東煮，還有店家賣的關東煮高湯，有種令人懷念的滋味，旅人們可以帶幾瓶回家自己煮來回味。個人非常喜歡他們的油豆腐、銀杏串、包著Q嫩麻糬的「餅巾着」和各種用魚漿做成的食材，喜愛日式關東煮的朋友們一定要來嘗嘗看。

「美好」關東煮對面是一間養蜂場直營蜂蜜專賣店「Bee Friendship」，強調不加糖、不加熱，直接呈現蜂蜜原來的天然風味。主人是愛媛縣第四代柑橘農家的次男，10年前利用當地豐富的自然資源開始經營養蜂事業。店裡有許多充滿獨特個性的蜂蜜產品，其中最具代表性的是跟自家家業相關的蜜柑花蜜，另外愛媛佐田岬原生林採摘的水木花蜜、山栗花蜜和櫻花花蜜也別具特色。店裡還有許多跟蜂蜜相關的各式商品，琳瑯滿目，甚至吃得到淋上滿滿蜂蜜的GELATO（義大利手工冰淇淋）與可麗餅，再喝一杯蜂蜜拿鐵或蜂蜜檸檬汁，甜甜蜜蜜！

接著一直往前走，看到一間寺廟「善德寺」時，在對面的巷子裡隱藏著一間工廠直營的蛋糕店「藤堂プランニング」，也會看到巷口處照相館門前豎立著他們的招牌。這間其貌不揚、沒有華麗包裝的蛋糕店在這一帶頗有人氣，原因是除了他們充滿下町風味、純樸實在的各式蛋糕價格親民外，提供給客人試吃的蛋糕也非常大方（可惜後來因為疫情的關係，停止了這個試吃的服務）。他們最受歡迎的是起司舒芙蕾蛋糕，香醇濃厚、綿密柔軟，此外也有抹茶口味的選擇。販售的蛋糕主要以大尺寸為主，如果幾個人同行，建議可以買回飯店裡一起享用。幸運的話還會遇到期間限定的草莓鮮奶油蛋糕，偶爾我會買一片帶到附近的公園享用，度過一個草莓鮮奶油味道的美好午後時光。

深川資料館商店街的名稱由來，是因為這裡有一個深川江戶資料館，將江戶時期的庶民生活和住家街道生動逼真地展現出來。逛到這裡如果肚子餓了，可以品嘗一下在地人氣料理深川飯，是一種鋪滿蛤仔的鄉土料理釜飯。此外，這條商店街每年9月1日到15日會舉辦稻草人製作比賽，任何人都可

以參加，他們會把做好的稻草人展示在道路兩旁，每到這個時期，各式各樣的造型稻草人，排列在商店街的道路兩旁好不熱鬧，也是這裡的一大焦點！

　　清澄白河近2年來的發展愈來愈多樣化，不少各具特色的店鋪紛紛出籠，商店街道上最近出現了一間越南美食館「Diner Vàng」，可說是清澄白河地區目前唯一的一間越南餐廳。每次經過都看到不少人光顧，連外面的露天座位都高朋滿座，因此我也忍不住進去探訪。果然當前菜越南生春捲和炸春捲一登場，我們就知道這間越南餐館不是蓋的，這醬料和食材都展現出實在的道地風味。牛肉河粉湯是必點，越南法式麵包三明治和假日的限定越南湯麵也很受歡迎，一秒將大家帶到胡志明市，清澄白河的異國情調在商店街裡飄散著。

　　逛完商店街後，建議可挑選一間自己喜歡的咖啡店休憩一下，在清澄白河成為一個引起話題的咖啡街道後，這個本來悠閒寧靜、充滿下町風味的區域，頓時多了一些文青風雅的味道。而且有了好喝的烘焙咖啡，當然就不能缺少美味的甜點，於是一家一家的烘焙坊和蛋糕店紛紛在這個區域出現，同時咖啡店本身也推出自己獨特的甜點，吸引各地饕客專程來品嘗。喜歡咖啡的朋友們不妨專門規劃一趟清澄白河咖啡巡禮，接著就來介紹幾間各具特色的咖啡館。

1 Bee Friendship；2 Diner Vàng。

❀「藍瓶咖啡」的日本起點

　　日本媒體說當歐美把咖啡文化傳到世界各地時，是第一波咖啡潮，第二波則是星巴克帶來的連鎖咖啡文化，接著第三波咖啡潮指的是近年流行的優質烘焙咖啡，而清澄白河已成為其中的代表區域，「藍瓶咖啡」在這裡的一號店更是引爆這股風潮的關鍵。開放式的空間、直接可以烘焙咖啡豆的倉庫、和一杯一杯為客人慢慢手工沖泡為其主要特色。重新改裝後的「藍瓶咖啡」清澄白河店座位更寬敞，還規劃了一個咖啡職人的技術展示區，為客人解說咖啡相關知識。專注於單一產地與農莊的單品咖啡、自家烘焙、手沖方式和周邊商品帶來了和以往不同的咖啡潮流。做為「藍瓶咖啡」的日本起點，這就是為什麼大家會千里迢迢跑來清澄白河喝一杯「藍瓶咖啡」的原因！

INFORMATION

藍瓶咖啡

🅟 東京都江東區平野1-4-8

🕐 08：00 ～ 19：00

🌐 store.bluebottlecoffee. jp/pages/kiyosumi

❀ 古意盎然的「深田莊」

　　「深田莊」可說是文青和雜貨控的小樂園，因為二樓有一些工作室與雜貨小店鋪，展示獨特的手工藝品和創作，但是營業時間不容易掌控，建議先查閱網站後再去比較保險。一樓的咖啡廳頗有自己獨特的風格，在古意盎然的倉庫空間裡，幾套古典樣式的沙發桌椅排列其中，他們的手工起司蛋糕和

鬆餅雖然走樸實風格，但卻有著不容置疑的經典風味。記得買幾個小巧美味的手工司康帶回去，泡一壺茶佐幾款果醬是肚子微餓時的美味救星，也是喚起旅行中美好回憶的伴手禮。

INFORMATION

深田莊
地 東京都江東區平野1-9-7
時 星期一、四13：00 ～ 18：00，星期五13：00 ～ 21：30；公休日：星期二、三
網 fukadaso.com/index.html

🌸 優質烘焙咖啡「Allpress Espresso」

從紐西蘭來的「Allpress Espresso」，他們的咖啡是在店裡直接烘焙現煮而成，咖啡店的一部分就是烘焙所兼倉庫，用其自創獨特的熱風式煎焙法，將咖啡豆的風味仔細地釋放出來。建議避開假日人潮，平日來吃個早午餐，再逛逛附近的街道巷弄，會是個愜意有趣的一天。或是下午來帶點甜點，例如：香蕉磅蛋糕、巧克力布朗尼等，再到附近的木場公園享受一片綠意，融入當地人的公園休閒活動中，也是東京慢旅中的一種樂趣。

INFORMATION

Allpress Espresso
地 東京都江東區平野3-7-2
時 星 期 一 ～ 五09：00 ～ 17：00；星期六、日、國定假日 10：00 ～ 18：00
網 www.allpressespresso.com/ja/find/tokyo-roastery/

⬤ ARiSE COFFEE ROASTERS 轉角處的閒情逸致

ARiSE COFFEE ROASTERS也是深受當地人喜愛的手沖烘焙咖啡店，店面小巧可愛，座位有限，常常可以看到許多人在外面排隊，耐心等候著工作人員一杯一杯的手沖咖啡。四周飄散著濃郁香醇的咖啡香，聞著、聞著彷彿等候的過程也是一種享受。天氣晴朗時，大家就這樣站著閒話家常起來，好像是來拜訪主人的朋友般，如此輕鬆隨意！

INFORMATION

ARiSE COFFEE ROASTERS
- 🌐 東京都江東區平野1-13-8
- 🕙 10：00～17：00（公休日：星期一）
- 🌐 arisecoffee.jp

⬤ 「The Cream of the Crop Coffee」焙煎工房

「The Cream of the Crop Coffee」焙煎工房是手沖咖啡的當地代表之一，雖然隱藏在巷弄裡，但其可愛的狗狗標誌卻是許多人喜愛打卡的地點。當然他們最自豪的優質咖啡是主要的賣點，因為「The Cream of the Crop Coffee」原意指的是最好與最精華的部分。店裡頗具個性的倉庫空間座位，與戶外的開放隨性感，散發著不拘小節的自在氣息，此外店裡的周邊商品也是一大亮點。

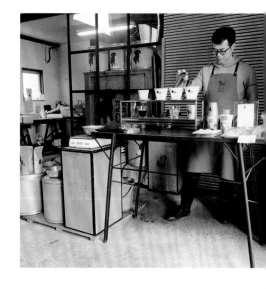

INFORMATION

The Cream of the Crop Coffee
- 🌐 東京都江東區白河4-5-4
- 🕙 10：00～18：00（公休日：星期一）
- 🌐 c-c-coffee.com

🌸「HAGAN ORGANIC COFFEE」水果奶油三明治

　　有機咖啡「HAGAN ORGANIC COFFEE」的咖啡，採用無農藥的咖啡豆一杯一杯細心地沖泡出來，看他們櫃台後面的咖啡烘焙機器，據說是價值不菲的專業設備。另外擺在門口處冰櫃裡的水果三明治是最吸睛的地方，不使用雞蛋和牛奶的堅持，是他們主張的VEGAN素食主義，因此吃起來格外地輕盈爽口，同時也是視覺與味覺的雙重享受。當天我買了五種口味，有綜合水果、福岡甘王草莓、芒果、鳳梨和蜜柑，第一次看到夾整大塊鳳梨的鮮奶油三明治，非常特別。只是三明治本身會隨水果內容的不同而價格大不相同，且因主張有機和不使用多餘添加物的關係，價格並不便宜，約在400日幣到1500日幣之間。

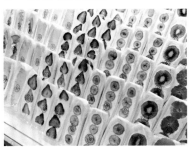

INFORMATION

HAGAN ORGANIC COFFEE
🏠 東京都江東區平野3-7-21
🕐 11：00 ～ 18：00（公休日：星期一、二、國定假日的第二天）
🌐 haganorganiccoffee.com

🌸「EN VEDETTE」法式甜點烘焙專賣店

最後想要介紹的是號稱清澄白河區NO.1的甜點蛋糕店，店名「EN VEDETTE」在法文中是「主役」的意思，有著主要角色的這間法式甜點在同業中是實力派的強勁專業店鋪。店內的展示櫃宛如寶石盒般排列著耀眼奪目的甜點們，不僅有迷人的外表，還有令人驚豔的味覺享受，而且日日進化著，每隔一段時間再去都會令人驚喜不已！從經典的草莓鮮奶油蛋糕到挑戰各類食材創作出嶄新口味的各種創意逸品，著實可以感受到森大祐主廚的熱情與手碗，喜歡甜點的朋友們千萬不能錯過。

INFORMATION

EN VEDETTE

🏠 東京都江東區三好2-1-3

🕐 星期一～六10：00 ～ 19：00；星期日和國定假日10：00 ～ 18：30
（公休日：不一定，請查閱官網）

🌐 envedette.jp

🌸 東京都現代美術館拉近了人們與藝術的距離

在深川資料館商店街的最後，來到大馬路上會看到東京都現代美術館，於1995年開幕至今已有20多年歷史。隨著歲月的變遷與人們對現代藝術的不同看法和需求，為了拉近兩者之間的距離，讓人們更容易親近現代藝術，2016年休館，重新裝修改建，歷經3年後，在2019年終於以全新且適合各年齡層的面貌出現。

走入人們日常生活的東京都現代美術館是重建後的主要特色，利用讓人自然想重複遊歷與造訪，以及讓人能更接近藝術的手法，讓來公園散步、運動和遛小孩的各年齡層可以輕鬆進出美術館。於是增加了許多公共設施，歡迎大家隨意使用，就算沒有打算買票參觀展覽也沒關係。重新開幕的東京都現代美術館比以前更熱鬧，館內外來來往往的年齡層更寬廣。可以明顯看到年老者、戀人、朋友或家庭成員們，坐在大廳裡貼心設計的開放式座位聊天休息；也可以看到父母帶著小孩到中庭設置的遊樂器材或親水設施遊玩，更可以看到各式各樣的消費者來館內附設的餐廳和咖啡廳享用美食。

　　位於地下一樓的餐廳「100本のSpoon」有著寬闊舒適的空間，同時也是特別歡迎親子一起來享用美味的藝術空間，不僅提供藝術彩繪著色紙，連室內裝設都多了幾分藝術氣息。最裡面的牆上掛了幾幅可以反射客人用餐模樣的特殊鏡子，好像把自己投射在畫裡的感覺，一舉一動交流的樣子非常有趣，吸引了不少小孩的注意。我最喜歡有一面靠窗的沙發椅，坐在此位置，可將戶外公園裡的綠樹和美術館的親水設施映入眼簾，無論中午用餐或只是來這裡享用一杯飲料，都可以達到療癒舒緩的休憩效果。記得夏天來這裡喝到他們自家釀製的蜂蜜檸檬和藍莓紅茶氣泡果汁時，驚豔無比，酷熱的暑氣都一掃而空！

　　「100本の Spoon」的餐點選擇非常多樣化，從老年人的少量精緻套餐到小孩的餐點，甚至嬰兒的離乳食品都充足。其中選一樣主餐，搭配麵包或白米飯的組合最受歡迎，如果是平日來，還附上免費的沙拉和飲料，上述的蜂蜜檸檬和藍莓紅茶氣泡果汁也包含在內。主餐有漢堡排、紅酒燉牛肉、伊比利豬排、燒烤牛排、香草烤雞排、特製咖哩、法式海鮮鍋等，可說是各年齡層都會喜歡的餐廳，優雅中不失親切的美味藝術空間。

　　在二樓是一間帶著濃厚摩登藝術風味的咖啡廳，以輕食類的三明治、甜點和各式飲料為主。其座位擺設貼心地顧及到各年齡層的需求和各種人數的考量，讓人能自由自在穿梭其中，一點也沒有拘束感。我特別喜歡他們的個人座位，店家把靠窗最美麗的地方給了一個人的需求，可能是獨自一人的關

係，所以特別需要窗外景觀的陪伴，當然兩三位同伴想並排坐在這裡也可以。每一個靠窗座位前還放了不同的書籍，讓來此的客人可以自由閱讀，我點了一杯草莓牛奶，在窗外透進明亮的自然光線下，閱讀一本滋養身心的書籍，深深感受到一個人的時光都被滋潤！

　　此外，這裡的紀念品販售區「NADiff contemporary」除了有各種館內展覽相關商品外，還有許多只有這裡才可以遇到的獨特限定產品，吸引不少人前往尋寶。連地下一樓的美術圖書館也非常歡迎小孩進入使用，親切的氛圍讓使用者自然想回訪，久而久之，在不經意中就能與藝術更親近。

INFORMATION

東京都現代美術館

(地) 東京都江東區三好4-1-1

(時) 10：00 ～ 18：00（請於閉館前30分鐘進入展覽室）；休館日：基本上是星期一（詳細細節請查閱官網）

(網) www.mot-art-museum.jp

Epilogue

　　清澄白河的沉靜與悠閒，適合忙碌中的旅人們來這裡慢慢與時間約會，此時會發現放慢腳步、不必趕行程的走法，其實才是一種奢華富有的享受。結合東京下町文化與文青風雅的清澄白河巷弄中的樂趣，有興趣來發掘嗎？

離淺草不遠處，有一個自江戶時期以來聞名的手工藝品街道「藏前」，結合東京隅田川沿岸風光與下町風情，保留昔日手工藝品店，並注入了新興的人文咖啡風潮是這裡最大的特色。近來廣為人知的烘焙咖啡街道中，清澄白河和藏前算是最具特色與人氣的區域，日本媒體說：「如果清澄白河是一個文青咖啡街道，那麼藏前就是下町的布魯克林。」除了古典與現代、下階與上層、傳統與潮流、手工職人與文青、旅館與倉庫交錯的街道風情，和紐約布魯克林有點相似外，位於市中心不遠處，離銀座不到 20 分鐘即可到達，還有與河川相鄰的街景等，在地理位置上也有共通的特色。新興的咖啡館與之前留下來的手工藝品店鋪結合在一起，散發出一股濃厚的「自我流」文藝風味，請跟著本篇文章來一場獨特韻味的藏前漫遊吧！

🌸 可以眺望晴空塔的「Cielo y Rio」

沿著隅田川畔建造的一棟大廈MIRROR裡有旅館、酒吧和餐廳，從早餐到夜間酒吧都非常熱鬧。位於一樓到三樓的咖啡館「Cielo y Rio」有可以眺望晴空塔的戶外陽台座位，天氣好時在這裡吹吹風、曬曬太陽，

日本媒體說：「如果清澄白河是
一個文青咖啡街道，那麼藏前
就是下町的布魯克林」

たいとうく 台東區
TAITO-KU

くらまえ 藏前
KURAMAE

享受隅田川邊的悠閒美味時光，好不愜意！就如同它的名字Cielo（天空）和Rio（河川）一樣，是個可以盡情享受天空與河流的地方。

每天限定20份的人氣料理會不定期更換，我們去的時候剛好是大塚先生和我都很喜歡的燒烤牛肉三明治，鮮嫩柔軟的燒烤牛肉片佐清爽順口的優格奶油醬，裡面還有滿滿的菠菜，意外清脆對味，另外還有各種餐飲與甜點的選擇，頗為豐富。眼前的晴空塔與店裡瀰漫著雅痞卻不失優雅的氣息是用餐中的最佳調味料，與三五好友或戀人在這裡坐一整個下午都不會膩，而夜晚又是另一種風情萬種的滋味。

INFORMATION

Cielo y Rio
🏠 東京都台東區藏前 2-15-5 MIRROR 1F
🕐 星期一～五：午餐11：30 ～ 15：00，晚餐17：30 ～ 22：00，CAFE & BAR 11：30 ～ 22：00；星期六：午餐11：00 ～ 15：00，晚餐17：30 ～ 23：00，CAFE & BAR 11：00 ～ 23：00 ；星期日、國定假日：午餐 11：00 ～ 15：00，晚餐17：30 ～ 22：00，CAFE & BAR 11：00 ～ 22：00
🌐 www.cieloyrio.com

🌸 與世界交流的「Nui. HOSTEL & BAR LOUNGE」

藏前因為接近淺草的關係，有許多觀光客會選擇投宿此處，且這裡的旅館和飯店頗具特色，其中「Nui. HOSTEL & BAR LOUNGE」是個背包旅館兼

咖啡廳和酒吧的設施。在一樓開放的空間裡可以看到各國旅人們來來往往的身影，許多國際交流就在一杯咖啡、啤酒、紅白酒或雞尾酒中展開，歡樂聲不斷。餐飲方面也非常國際化，有和酒精飲料對味的 Fish and Chip，也有和風味十足的黑毛牛丼飯，相信會是一個和世界各地人士一起細細品嘗藏前獨特風味的好地方。

INFORMATION

Nui. HOSTEL & BAR LOUNGE
- 🏠 東京都台東區藏前2-14-13
- 🕐 CAFÉ：星期一～五08：00～17：00，星期六、日、國定假日08：00～18：00；BAR & DINING：18：00～00：30（不定休）
- 🌐 backpackersjapan.co.jp/nuihostel

🌸 文青咖啡街道上的日式風味「結わえる 本店」

在「Nui. HOSTEL & BAR LOUNGE」的隔壁是一間專賣熟成玄米定食的餐廳「結わえる 本店」，從古意盎然的木造門窗與透過玻璃窗看到的內部裝潢，馬上可以嗅到一股美味家常料理的味道，直覺在這裡能吃到溫暖人心與滿足味蕾的食物。拉開木門踏入店家後，發現它是一半店鋪一半食堂的結合，右邊的店鋪販賣各式各樣的日本米、米食便利包、日式醬料與日本酒等，其中以各種口味的熟成玄米包最受歡迎。

經營者表示，將過去日本人的傳統飲食習慣和現代生活結合在一起是「結わえる 本店」的主旨與本意，餐點則是以往昔留下來的習慣「一汁三菜」定食為主，其中對日本人來說最重要的米食，則選擇對健康有益的玄米為主。用專利技術的壓力釜炊煮後，再經過數日保溫熟成，更是具有豐富的纖維，比一般的玄米飯更能凝縮美味，無論是營養素的補給，還是加強新陳代謝方面都有很不錯的效果。

INFORMATION

結わえる 本店

🏠 東京都台東區藏前 2-14-14
🕐 午餐11：30～14：30（假日11：30～15：00）；晚餐17：30～22：00；販賣11：30～20：00（公休日：每月的第一、第二個星期日）
🌐 www.yuwaeru.co.jp

🌸 美食與購物兼備的「鷰en」

沿著藏前車站前面的江戶通道直走不久，可以看到一棟簡約、淺色明亮的三層樓建築物，二、三樓採用大量的落地窗製造出的清爽空間是給人最大的印象。「鷰en」是一家強調自製餐飲兼手工藝品店，一樓是咖啡專賣區，手沖咖啡、拿鐵、薰衣草風味的檸檬汽水及美味烤吐司是人氣商品。其中11點以前的早餐奶油烤吐司，食材來源於淺草最有人氣的傳統麵包店「パンのペリカン」，據說這家麵包店的吐司只有事先預約才買得到，可說是遠近知名的夢幻吐司逸品。

二樓的空間是享用各種美味料理與甜點的地方，三樓則是日本國內及國外精選傢俱、編織物和雜貨的販賣區，宛如一個自由自在的雜貨市集，有時還會不定期舉辦手作展覽活動。最後，四樓是一個開放式的戶外屋頂空間，在一樓購買咖啡後，可以來這裡找一個怡然自得的位置，享受屬於自己的下町藏前風情，休憩過後，再繼續探訪這個迷人的區域剛剛好。

INFORMATION

鷰 en

地 東京都台東區藏前2-6-2

時 平日1F 08：00 ～ 19：00，2F 09：00 ～ 19：00，3F 12：00 ～ 17：00；
假日1F 08：00 ～ 20：00，2F 09：00 ～ 21：00，3F 12：00 ～ 18：00

網 www.enkuramae.com

巧克力工廠與 CAFÉ 兼具的「Dandelion Chocolate」

最早創始於美國舊金山的「Dandelion Chocolate」，在世界上可說是引領風潮的高品質巧克力專賣店，位於藏前的「Dandelion Chocolate」就是他們登陸日本的一號店。一樓可以看到他們製作巧克力的過程，將 Bean to Bar 巧克力工廠的原貌自豪地展現在客人面前，營造出一種專業與娛樂並存的空間。

伴手禮區有 Bean to Bar 巧克力片和一些相關商品，其中的一款巧克力茶非常特別，是和紅茶專賣店 CREHA 聯名合作的產品，在紅茶裡喝得到香醇濃郁的巧克力芬芳，買一罐回家，自用送禮無不相宜。在店內享用他們獨特的飲料及迷人的精緻甜點，想必是旅行中奢華的片刻，其中藏前熱可可是一種含有日式元素的和風巧克力熱飲，裡面多加了靜岡縣產的有機煎焙茶，將巧克力甜中帶著微苦與日本茶的回甘味相容在一起。

再來最引人注目的就是各式各樣
的巧克力甜點，使用自家咖啡豆與可
可豆製成的咖啡果凍，是藏前店的限
定商品，採用三種巧克力做成的布朗
尼蛋糕也很有吸引力。如果要參加他
們的各種巧克力相關課程與活動，詳
細課程內容與預約方式請查閱官網。

INFORMATION

Dandelion Chocolate
📍 111-0051 東京都台東區藏前 4-14-6
🕐 11：00 ～ 18：00
🌐 dandelionchocolate.jp/pages/factory-cafe-kuramae

🌸 在「Kakimori」製作屬於自己的筆記本

如果你是文具控的話，建議來這間可以製作專屬於自己的筆記本的
「Kakimori」，從封面、內頁、紙張材質等都可以隨自己的喜好制定，甚至還
有職人款或與藝術家的聯名款素材，那一定是世界上唯一的一本筆記本。首
先選擇封面和內頁的紙張，有 B5 和 B6 兩種尺寸；接著選擇內頁的紙張素材
與圖案，最多可以有四種設計的組合，包含月曆在內；最後再選擇連結筆記
本的線圈，以及筆記本的開關設計。全部選好後，交由工作人員使用機器裝
訂，一本自己專屬、獨一無二的筆記本就完成了。

店裡也有各種文具用品，其中的書寫工具種類繁多、琳瑯滿目，原子筆、
鋼筆、萬年筆和各種顏色的墨水，會讓人不自主地想拿起來試寫，愈寫愈覺
得這裡的筆很好寫！據說他們的姊妹店「inkstand by kakimori」提供調節墨
水顏色的體驗，可從 16 種基本顏色中一滴一滴慢慢調出自己喜歡的顏色，然

後試寫在紙上，滿意後就可以做成鋼筆的墨水。能夠製作屬於自己的筆記本和調出自己喜歡的墨水顏色，是不是非常有意思呢？

INFORMATION

Kakimori
🏠 東京都台東區三筋1-6-2
🕐 平日12：00 ～ 18：00；假日11：00 ～ 18：00（公休日：星期一，但遇假日不休）
🌐 kakimori.com

Epilogue

　　藏前除了有不少個性店家外，巷弄裡還有許多有趣的人事物，咖啡、雜貨、手工藝、文青、懷舊與現代等，都是這裡在復古中又重整的組合元素，當我穿梭在其間，確實深有體會。我記得其中特別令人印象深刻的有一所當地的公立小學，沒想到位於下町的藏前國民小學竟如此美麗脫俗，全身散發著文藝氣息，宛如一個美術館，發掘隱藏在巷弄間的人事物，何嘗不是旅途中的一大趣事呢！

　　老時光中的重建與翻新，在「藏前」這一區默默上演著，下次的東京之旅不妨留一些時間給這裡，來一趟不同感覺的下町探訪，相信會有不少全新的體驗。

隅田川河岸賞花一日遊！下町散策上篇：淺草在地人美食＆喜歡下町文化的旅人不能錯過的

たいとうく 台東區
TAITO-KU

あさくさ 淺草
ASAKUSA

般我們所謂「下町」指的是庶民的街道，此說法源自江戶時期，當時位於江戶城下庶民們聚集的街道就是下町，而現在多是用來區別高級、潮流、風雅的時尚區域，兩者的生活習慣與給人的印象有很大的差異。如果以地圖上的位置來看，東京二十三區的東半部就是所謂的下町，保留了許多江戶風情與庶民文化；而西半部則是富裕階層的商業住宅用地居多。在東京二十三區的東半部中，個人特別挑選淺草、兩國和龜戶這三個下町文化中的代表，分為上下兩篇文章，介紹給喜歡下町文化的旅人所不能錯過的下町散策，請在這一帶盡情感受濃厚的江戶風情吧！

🌸 淺草在地人美食

淺草寺這一帶可說是江戶文化發展的中心，至今仍保持許多當時的風貌，在歲月的淬鍊下，儼然成為東京下町文化的一大代表。東京都內最古老的寺院就是創建於628年的淺草寺；長約250公尺，將近90家店鋪的**仲見世通**是號稱日本最古老的商店街；位於雷門對面的**淺草寺觀光文化中心**，從八樓的展望台能夠眺望淺草寺一帶的風景。相信上述的這些地點大家一定非常熟悉，這篇文

1 仲見世通；**2** 淺草寺觀光文化中心展望台。

章挑選了幾個我自己喜歡的美食和景點來介紹，其中有一些還是我家婆婆的口袋名單。婆婆的老家就在淺草附近，而她有定期到淺草寺祭拜的習慣，從年輕拜到現在從沒間斷過，當年她還想盡辦法讓自己的兒子考進淺草寺附設的幼稚園。這位虔誠的大塚婆婆在淺草寺生活40年以上，當初也牽著剛嫁來日本的我一起去淺草寺祭拜，同時把她吃了半輩子的淺草美食跟她的媳婦我分享。

🌸 天婦羅百年老店「尾張屋」

　　具有百年歷史的天婦羅老店「尾張屋」，位於雷門通這條主要大街上，有本店與分店兩間店面，都很容易找到。店裡提供各式口味的蕎麥麵，冬天來一碗熱呼呼的湯麵，夏天點冷麵沾著柴魚蕎麵醬汁，各有不同的風味。另外還有各類丼飯及定食，菜單非常豐富，無論選擇蕎麥麵或米飯類，建議一定要嘗嘗他們的天婦羅。嚴選高品質的食材，以專業具有的獨特手法油炸而成，充滿下町老店的自信，深受各地民眾的喜愛。

　　這裡要特別介紹的是尾張屋的上等炸蝦飯「上天丼」，一上場一定會被那兩隻特大無比的天婦羅炸蝦嚇一跳。麵衣炸得酥酥脆脆，淋上香醇入味的

特製醬汁，裡面的蝦肉鮮嫩無比，彈性十足。當醬汁與酥脆的外衣結合在一起，十分下飯，加上有豬油香味的白飯，讓人一口接著一口，欲罷不能。此時再喝一口清爽淡雅的清湯、配上清脆爽口的醃漬小菜，不禁讓人讚嘆所有的搭配真是絕妙，吃過一次就絕對令人念念不忘。

INFORMATION

尾張屋
地 東京都台東區淺草 1-7-1
時 11：30 ～ 20：00（公休日：星期五）
網 tabelog.com/tokyo/A1311/A131102/13003714

日本饕客才知道的淺草老鋪「浅草むぎとろ」

　　日本自古以來被視為健康美食的山藥泥麥飯在台灣應該不多見，其滑嫩清爽的口感與高評價的健康指數，深受日本人推崇，相信吃過的人有很大的機率會愛上它的魅力。淺草這裡有一間日本饕客才知道的山藥泥麥飯老鋪「浅草むぎとろ」，他們提供的午餐竟然只要1500日幣（含稅）就有山藥泥麥飯和日式小菜吃到飽，但要注意的是只有在平日的11：00 ～ 14：00提供。

　　店家帶客人入位就座後，就可以到餐台上自行拿取山藥泥麥飯和日式小菜，一大桶熱騰騰的麥飯粒粒分明，散發著淡雅的麥香，每一顆又大又飽滿，吃起來也非常有咬勁及彈性。添完麥飯後，接著就是淋上店家自豪的山藥泥，用湯匙舀起來的一瞬間，可以感受到它優異的黏稠度，若不是上等品質的新鮮山藥，就無法呈現出如此濃稠又紮實的綿密與彈力。採用日本國產高黏稠度的大和芋，再加以香醇高雅的鰹魚高湯及秘傳調味手法，與麥飯拌勻後一起吃進嘴裡，細緻柔和的滑順感與飽滿彈牙的麥飯，共譜出一種奇妙的口感與溫和頗具韻味的日式風情，一口接著一口，竟然可以吃下好幾碗呢！

　　接著他們的日式煮物、玉子燒、醃漬小菜和味噌湯，以內斂的調味方式，將素材的原汁原味顯露無遺，呈現日本料理清淡卻韻味無窮的魅力。此外，

頂樓七樓則是3000日幣的吃到飽，可以吃到十多種種類的美味小菜，山藥泥則有兩種大和芋和一種長芋，共三種不同的滋味可以品嘗比較。對於初次認識山藥泥麥飯的人來說，建議一樓的1500日幣吃到飽就非常足夠，如果發現自己愛上了這種健康美食，下次可以來享用七樓的豐盛版吃到飽。

INFORMATION

淺草むぎとろ

🗺 東京都台東區雷門2-2-4

🕐 星期一～五：午餐11：00～16：00，晚餐17：00～22：30；星期六、日、國定假日：11：00～22：30

🌐 www.mugitoro.co.jp/honten

🌸 淺草豪景飯店「武藏 Sky Grill Buffet 天空燒烤自助餐」

位於淺草豪景飯店（View Hotel）26樓的武藏Sky Grill Buffet天空燒烤自助餐，有150多種的美食選擇，還有可以俯瞰淺草寺與遙望晴空塔的無價美景！武藏的吃到飽料理以燒烤海鮮和各式肉類為主，現場廚師們坐鎮，親自燒烤給顧客當場享用，奶油香煎干貝和燒烤小牛排最有人氣。另外還有豐富的中華料理和傳統日式和食，廚師的現炸天婦羅隨時補貨，酥酥脆脆真是好滋味。為了凸顯所在地的下町特色，除了各種甜點、蛋糕、水果外，也提供許多日本傳統的古早味零食（駄菓子），當我看到時馬上就聯想到淺草的悠久歷史和濃厚的下町文化。

寬廣舒適的用餐空間，加上窗外上演著一幕幕淺草寺與晴空塔共舞的畫面，白天和夜晚各有不同的風味。如果幸運的話，可以坐到餐廳裡最好的三角窗位置，這裡有近乎私人享受美食的空間，還可以盡情地將晴

空塔與淺草寺放進視野裡。此時窗外秋意正濃，銀杏樹漸漸染上美麗的金黃色，看著這無價的美景，還真令人忘了專注吃飯呢！

INFORMATION

View Hotel武藏天空燒烤

㊣ 東京都台東區西淺草3-17-1 淺草豪景飯店View Hotel 26F

㋐ 07：00 ～ 21：00（假日到21：30）

㊙ www.viewhotels.co.jp/asakusa/restaurant/musashi

🌸 CP值超高的淺草日式洋食「モンブラン」（Monburan）

喜歡日式洋食的朋友們在淺草可以吃到傳統懷舊、大人小孩都喜歡的日本國民美食滋味，其中的「モンブラン」（Monburan）是一間CP值頗高，受到許多演藝人員推崇的店家。分量十足和醬料多樣化的鐵板日式漢堡排是招牌，在熱騰騰的鐵板上有著一切開來就肉汁四溢的漢堡排，可以選擇淋上和風、法式、墨西哥、義大利、俄羅斯、或是頗受女性消費者歡迎的白色荷蘭風起司醬，再搭配鐵板麵和蔬菜，非常豐盛。午餐時間的鐵板漢堡排和濃厚牛肉咖哩飯的特惠組合，CP值超高，絕對會讓人吃得非常盡興過癮。

吃著、吃著我家大塚先生說：「這個鐵板讓我想起在台灣夜市裡吃到的牛排，也是用這種鐵板，再加上分量十足的鐵板麵，讓人好懷念啊！」此話一出瞬間將我們的思緒帶回台灣夜市裡，此時好想大聲對服務人員說：「給我來份黑胡椒鐵板麵！」「モンブラン」他們的午餐組合（會不定期更換內容）：鐵板漢堡排和牛肉咖哩飯，1500日幣不到，分量可怕、但我們更可怕，竟然全部吃光！

INFORMATION

モンブラン

㊣ 東京都台東區淺草 1-8-6 1F

㋐ 11：00 ～ 21：30（公休日：星期三，但遇假日不休，翌日休）

㊙ www.monburan.co.jp

🌸 老店的傳奇吐司「パンのペリカン」（Pelican）

於昭和17年創建，深受當地居民喜愛的
麵包店「パンのペリカン」（Pelican），數十
多年來一直嚴守不變的美味與職人精神。縱
然在現代新興潮流的驅使下，變化多端的烘
焙技術與產品不斷推陳出新，「パンのペリカ
ン」（Pelican）的麵包還是只有吐司與麵包卷
兩種主要的類型，再分成各種大小與形狀，

有吐司、山形吐司、麵包卷、圓形餐包和長形麵包的選擇而已。然而隨著時
代變化，他們的舊雨新知不但沒有減少，反而增加，如今更是只有預約才能
買到的狀態，可見得單純的美味才是最深入人心的東西。預約的方式可以是
電話，也可以親自到店裡訂購。

在現今日本「生吐司」當道，講求極致柔軟、香濃甜美的潮流下，「パン
のペリカン」（Pelican）的吐司其實非常傳統樸實。也許在第一口吃到時，
沒有讓人很驚豔，但其紮實飽滿、內斂柔和的口感就像媽媽的味道一樣，長
久以來一直在我們身邊陪伴著。沒有什麼鋒芒與矯情，有的只是單純的美好，
我想這就是「パンのペリカン」（Pelican）為什麼會一直受歡迎，創造了沒有
預約是買不到的傳奇。

INFORMATION

パンのペリカン
🏠 東京都台東區壽4-7-4
🕐 星期一～六 08：00 ～ 17：00
🌐 bakerpelican.com

如果買不到「パンのペリカン」（Pelican）的麵包，建議可以到附近他
們經營的「Pelican Café」享用，用其招牌吐司製作出來的炭烤吐司和水果奶

油三明治是最受歡迎的菜單。另外本日的吐司和三明治可以吃到吐司與各種料理的結合，我們當天點的就是白色四季豆與香腸的焗烤吐司及蛋沙拉三明治，這種將吐司運用到料理的變化手法，讓顧客能夠體驗到單純美味的另一個層次。

INFORMATION

Pelican Café
🏠 東京都台東區壽3-9-11
🕐 星期一～六 09：00 ～ 17：00
（公休日：星期日和國定假日）
🌐 pelicancafe.jp

🌸 古民房咖啡廳「菓子工房ルスルス」

　　從淺草寺走來5分鐘的巷弄裡，有一間樸實的古民房咖啡廳「菓子工房ルスルス」，店裡有各種美味可口的餅乾和甜點，每一個都是菓子職人們一個一個仔細燒烤出來的成品，任選幾樣和茶或咖啡一起享用是店裡的經典吃法。店內的擺設充滿木製古意的溫潤感，沒想到熱鬧喧囂的淺草，竟有一處彷彿與外界隔絕的清幽之地，可以讓時間恣意地在寧靜中慢慢逝去。

　　特別要介紹的是「菓子工房ルスルス」的餅乾禮盒，它是人見人愛的伴手禮，其中一款有著美麗的名字叫做「夜空罐」，一個個白色的小星星靜靜

地躺在裡面，相信打開來的人一定會眼睛一亮。裡面放有宛如夜空顏色的色紙，襯著白色的星星非常出色亮眼，星星上面的白色糖霜帶有淡淡的檸檬滋味，吃起來清香爽口，多吃幾個都不會膩。另外還有小鳥、貓咪、雪花等各種形狀的餅乾禮盒任人挑選，原來淺草的巷弄裡也如此有意思。

INFORMATION

菓子工房ルスルス
地 東京都台東區淺草3-31-7
時 12：00～20：00；公休日：星期一～三（如果店鋪進入臨時休業狀態，可以在淺草車站附近的Matsuya松屋百貨買到他們家的商品）
網 www.rusurusu.com

號稱日本第一的銅鑼燒「龜十」

在雷門斜對面的和菓子老店鋪「龜十」，他們獨特風味的絕品銅鑼燒非常受歡迎，有白餡和紅豆餡兩種口味，據說還是日本排名第一美味的銅鑼燒！口感特別蓬鬆柔軟的外皮是他們最大的特色，而且尺寸非常大，吃完一個會很飽足，因此建議小鳥胃的人可以兩個人分食一個。此外，雖然有紅白兩種蜜餡，但做成白豆餡的銅鑼燒本來就不多，且龜十的白餡是採用名為手亡豆的一種白色四季豆製作而成，爽口高雅、甜而不膩，非常值得一試。賞味期限最多只有三天，想當伴手禮的話，建議回國前一天或當天來買，因為第一天剛做好時是銅鑼燒最美味的狀態。

INFORMATION

龜十
地 東京都台東區雷門2-18-11
時 10：00～19：00
網 tabelog.com/tokyo/A1311/A131102/13003655

淺草名物人形燒「龜屋」

在仲見世通的商店街裡有許多各式各樣的美食小吃，其中淺草名物人形燒「龜屋」也是歷史悠久的老店鋪。他們有六種可愛造型的人形燒，建議當場買一包師傅現烤的馬上吃，薄薄的雞蛋糕皮裡包著滿滿的紅豆餡，熱熱地吃非常美味。此外他們排列在櫥櫃裡的各式仙貝也非常吸引人，挑選幾種口味現場品嘗，或是帶回去飯店享用，都是肚子微餓和嘴饞時的美味補給。

INFORMATION

龜屋
- ⓰ 東京都台東區淺草 1-37-1
- ⓣ 09：30 ～ 19：00
- ⓦ tabelog.com/tokyo/A1311/A131102/13043333

淺草寺四周圍巷弄裡的散步樂趣

淺草寺四周的巷弄裡散布著各式各樣的小吃攤、美食店、居酒屋、咖啡館、喫茶店、工藝品、雜貨店、商店街、大型購物中心和一些看起來頗有意思的特色劇場，有古意盎然的往日風情，也有新穎潮流的現代風貌，讓人探訪起來特別有趣。經過疫情的肆虐後，再度回到淺草寺周邊散步，竟有種複雜的心情，往昔商店林立的巷弄裡出現了一些大門緊閉的休業店家，同時也發現一些剛剛開幕的新面孔，其中還有台灣來的香雞排、地瓜球等台灣小吃專賣店。下次換大家回到淺草一帶走入巷弄中，除了可以重拾那股熟悉的懷舊樂趣外，一定也會有不一樣的新發現。

🌸 連結淺草與晴空塔的新設施「東京ミズマチ」

　　在充滿歲月感的觀光勝地淺草也是不斷有更新的區域登場,「東京ミズマチ」就是一個介於晴空塔和淺草車站之間的新設施。建於沿著隅田川「東武Sky Tree Line」鐵路線通過的鐵道橋下,並新增連絡步道橋「SUMIDA RIVER WALK」讓行人方便通過。以後淺草和晴空塔之間的往來,就可以利用這座步道橋到達,從「東京ミズマチ」的名稱也可以明瞭其連結晴空塔的「マチ」(SOLAMACHI的MACHI)和隅田川的「ミズ」(水)而來的。同時鐵道下多了好多有趣的店鋪,坐落在河岸邊愜意的文青咖啡館、腳踏車出租服務據點、運動品、手工藝品、雜貨等專賣店,還有一間河邊精緻背包客旅館、日式甜點店鋪和麵包控會一見鍾情的麵包坊。最令人開心的是,一路走來可以拍到好多美麗的晴空塔照片!

🌸 時尚麵包坊「muya むうや」

　　在鐵道下林立的商店裡，「muya むうや」麵包坊是位於表參道人氣時尚麵包店「BREAD, ESPRESSO &」的姊妹店。他們的人氣商品就是在「BREAD, ESPRESSO &」也非常搶手的正方形吐司，以及數量限定的鐵板法國吐司。此外，各種季節口味的三明治、各式奶油口味的螺旋麵包、店內的輕食SET都很有魅力，如果你是麵包控，一走進去會有欣喜若狂、心跳加速的感覺。在舊時光的下町街道中，遇到與歲月這兩個字不太搭的時尚麵包坊，那一天本來沒有打算買麵包的我，就莫名地被吸引進去，也莫名地帶了一些麵包回家。

INFORMATION

muya むうや
- 🏠 東京都墨田區向島 1-2-12
- 🕐 09：00 ～ 18：00
- 🌐 bread-espresso.jp

🌸 世界的創意雜貨「KONCENT」

　　在「東京ミズマチ」裡有一間出身於藏前的創意雜貨，其經營者也是一位知名設計師，致力於將「KONCENT」獨一無二的創意商品從日本出發，與世界連結在一起。雖然已經來過「東京ミズマチ」很多次了，然而每一次

的探訪都會有一些新發現，就像這間充滿創意的雜貨店主旨一樣，希望每次來店裡的客人都會有不同的驚喜，期待著與各種獨特商品相遇的機會。店裡有許多獨特設計且富有機能性的生活雜貨，讓人大開眼界，這裡有最新潮的文具用品、廚房用具、各種創意生活雜貨和獨特小物，令人眼睛一亮，在研究各種創意商品真正用途的樂趣中，度過一個被創意激盪的特別時光。

INFORMATION

KONCENT
🏠 東京都墨田區向島1-2-5
🕚 11：00 ～ 19：00
🌐 koncent.net

🌸 沉醉在隅田川河岸賞花風情中

　　在東京眾多的賞櫻景點中，隅田川兩岸的櫻花每年吸引不少人潮到此觀賞，除了數大就是美的櫻花群外，這裡還可以觀賞到櫻花與晴空塔共舞的景致。往紅色吾妻橋的方向散步到隅田川河岸，馬上映入眼簾的就是朝日啤酒總部大樓屋頂的啤酒泡沫、隅田川上來來往往的船隻，以及在後方聳立的晴空塔，視野也慢慢開闊起來，最令人興奮的是河岸兩旁染上了粉嫩夢幻的櫻花色。

　　隅田川沿岸的台東區一側就是知名的賞櫻地點隅田公園，每年這裡舉辦的櫻花祭已經有一段很長的歷史。隅田公園內的櫻花樹有500多棵，能夠欣賞到染井吉野櫻、大島櫻和里櫻等不同品種的櫻花風采。在公園裡漫步於滿滿的櫻花下，甚是賞心悅目，如果再準備餐盒和野餐墊，隨處一坐更是愜意，現場可以看到許多情侶、家庭或朋友們在櫻花樹下野餐喝酒的情景，身為遊客的我們不妨也加入其中吧！

　　另外建議可以乘坐水上巴士遊河，眺望兩岸的櫻花，也別有一番情趣，相信大人小孩都可以享受沿岸的風光與乘船樂趣。在許多遊客人群中也發現不少人穿著美美的和服賞櫻拍照，因為淺草寺附近有一些和服出租的業者，所以遊客可事先預約好時間，當天來一場美麗的和服攝影大會，在櫻花的襯托下，這將會是難忘的回憶。

　　其實除了春天的櫻花外，每年梅雨季節盛開的紫陽花（又稱繡球花）在隅田公園裡也可以觀賞到，於是紫陽花與晴空塔的合影又是另一種美麗的風情畫。如果幸運的話，還可以找到愛心形狀的紫陽花，在梅雨中愈開愈美、顏色繽紛的紫陽花，無論是清新脫俗的純白、清爽明朗的湛藍、還是嬌豔嫵媚的紫紅，都各自美麗、各自精彩。

　　最後要介紹的是每年7月9日和10日是淺草寺的「四萬六千日節慶」，只要在這兩天的其中一天去參拜，就等於拜了四萬六千次之多！我們家的婆婆除了每個月會去祭拜外，每年的這一天也絕不錯過，有時連我們都會一起被叫去，外國觀光客加上本地參拜者，真是人山人海。有興趣且不怕人多的朋友們，有機會的話不妨選這兩天去參拜一下！

　　淺草的巷弄裡還有許多不同的樂趣等你來發掘，以上有很多是婆婆傳給我的在地人美食美景清單，你也來收集一份屬於自己的清單吧！

龜戶的江戶風情中！
下町散策下篇：盡情沉浸在兩國＆喜歡下町文化的旅人不能錯過的

すみだく 墨田區
SUMIDA-KU
よこあみ 橫網
YOKOAMI

這一篇文章是上篇淺草下町散策的續集，在東京二十三區東半部的下町區域裡，淺草、兩國和龜戶散發著濃厚的江戶文化風情，如果說淺草是外國觀光客聚集的人氣景點，那麼兩國和龜戶有著更多當地人生活的味道。少了觀光客熙熙攘攘的喧鬧氣息，在兩國和龜戶的街道上，多了許多庶民們日常生活的常態，更可以感受到下町風情裡的種種。兩國有江戶東京博物館、北齋美術館、兩國國技館、舊安田庭園、刀劍博物館等，讓我們可以沉浸在滿滿的江戶文化中。龜戶則有可以欣賞到紫藤花的龜戶天神社，號稱是「東京第一賞藤勝地」，紫藤花襯著莊嚴的神社，別有一番風味。喜歡多一分清淨、悠閒地漫步在下町中更貼近當地人生活的旅人們，這一篇下町散策千萬別錯過。

懷舊復古商業施設「兩國 - 江戶 NOREN」

於JR兩國車站新登場的商業施設「兩國-江戶 NOREN」，是個可以享受純粹江戶美食文化與購物的好去處，這裡集結了許多代表江戶時期的美味料理、伴手禮販賣區和旅遊資訊服務處。利用1929年建立富有歷史

感的車站重新賦予新生命，雖然是一個新興的商業設施，但裡面卻充滿往昔的江戶「町屋」風味。從外面走入，宛如穿越時光般的景象映入眼簾，一間間店鋪的布置與排列模樣，令人有頓時化身為時間旅人的感覺，讓人想穿梭其中，享受老時光的懷舊樂趣。

　　一樓廣場中間有一個相撲競技時所使用的**巨大土俵**，將兩國這個地方的重要象徵表露無遺，此時可以看到許多人紛紛與難得遇見的土俵照相留念。裡面有各式美食餐廳、一處當地特色伴手禮和傳統工藝品販賣區，以及兩國「觀光案內所」（旅遊資訊服務中心），可說是一個融合參觀、購物、飲食和諮詢的複合式商業設施。有機會到兩國一帶觀光散步的朋友們，非常建議來這裡，就可以吃遍江戶美食與接觸下町文化。

　　一樓的江戶美食餐廳中，「**根津 鶏はな**」這間雞肉燒烤餐廳提供稀有的東京軍雞料理，其中可說是東京極上一品的親子丼和坂本龍馬特別青睞的軍雞鍋是店裡的招牌。東京軍雞是量少稀有的品種，肉質偏紅、脂肪少、口感彈力佳、有韌性、滋味鮮美有深度是它最受歡迎的地方。人氣NO.1的東京軍雞親子丼，散發著優雅卻富有韻味的日式高湯風味，在帶著微微甜度的祕製醬汁點綴下，軍雞的鮮嫩肉質與鮮美肉汁都更有活力了。最令人驚喜的是店家對蛋的處理方式，在醬汁中滾煮一下，呈現最滑嫩膨鬆的口感時，立刻淋在白飯上，最後在上方再打一顆於早晨採收的新鮮軍雞生蛋，兩種不同吃法的雞蛋雙重奏，讓整個親子丼更加華麗精彩。

　　店裡還有一個特別的「鶏ひつまぶし」，是一種一次可以享用兩種吃法的菜色。首先吃幾口剛燒烤好放在白飯上的串燒，燒烤得香氣十足、帶一點焦味的雞肉和濃厚甜美的醬汁與白飯相合度非常高，但千萬別欲罷不能、全部吃完。接著將附上的蔥花、芝麻和鴨兒芹放進剩下的燒烤雞肉丼裡，再淋上熱騰騰的高湯，就變成一碗不同風味的串燒泡飯。

　　另外有號稱江戶三大蕎麥麵之「藪蕎麥麵」的老店鋪日本橋「やぶ久」、相撲界知名的元大關霧島所經營的相撲火鍋專賣店「ちゃんこ霧島」、創業於1871年的東京料理代表文字燒專賣店「月島もんじゃ もへじ」、吃得到日本傳統味噌風味的濃厚味噌拉麵「麵場 田所商店」，大家可以依照自己的喜好，選擇以上各種不同特色的江戶美食。

　　二樓是一間豐富多樣化選擇的海鮮居酒屋「築地食堂 源ちゃん」，採用每天從築地直接運送而來的鮮美食材，做出的各種海鮮丼飯、生魚片、烤魚等定食是中午的人氣菜單，價格便宜又好吃。晚上則有各色下酒小菜和招牌料理，在寬敞的空間與三五好友們，一邊品酒一邊閒話家常最適合不過了。在階梯中間有一個照相的好地方，可以將廣場中的巨大土俵和整個江戶町屋風情融合入境，別忘了上來看一看。

　　於出口處的紀念品與伴手禮販賣區，買得到許多兩國當地特色伴手禮和傳統工藝品，例如：可愛又有紀念性的相撲力士餅乾、有相撲力士模樣設計

1 巨大土俵；2 根津 鶏はな；3 鶏ひつまぶし；4 出口處的紀念品與伴手禮販賣區。

的江戶切子、用葛飾北齋浮世繪裝飾的生活用品、墨田區一帶的代表美食伴手禮等，非常豐富。其中最具代表的下町甜點就是位於隅田川上櫻橋向島側老店鋪「言問団子」的名物，他們的三色糰子賞味期限只有一天，建議現場購買直接品嚐，其柔軟樸實卻細緻高雅的風味把日式和菓子的內斂韻雅詮釋得恰到好處。

INFORMATION

兩國-江戶 NOREN
- 🏠 東京都墨田區橫網1-3-20
- 🕐 10:00～23:00（各店鋪有差異）
- 🌐 www.jrtk.jp/edonoren

🌸 江戶東京博物館

如果想更深入了解江戶文化，則車站一出來附近的「江戶東京博物館」就是一個很合適的好去處。以從德川家康入府以來的400年間為中心，展示這段時間珍貴的歷史文化資料、復原模型、過去人們的生活用品與昔日的街景構造等，訴說著當時的故事，彷彿穿越時光回到往日純樸美好的懷舊年代。一樓的展示區還會不定期舉辦各種主題的特別展，讓每一次來參觀的人都可以有新的體驗與認識。

INFORMATION

江戶東京博物館
- 🏠 東京都墨田區橫網1-4-1
- 🕐 目前休館中（2022年4月1日～2025年預定）
- 🌐 www.edo-tokyo-museum.or.jp

🌸 兩國國技館

與江戶東京博物館相鄰的「兩國國技館」同樣是兩國一帶最具存在感的代表景點，每年1月、5月和9月三次開催的日本傳統大相撲，總是吸引無數的愛好者前往感受現場魄力十足的相撲競技。時間無法配合親臨觀賞競賽的人，可以到一樓的相撲博物館參觀，相信能對相撲這個日本傳統且具有獨特魅力的運動，有更進一步的理解。

INFORMATION

兩國國技館
🏠 東京都墨田區橫網1-3-28
🕐 平日10：00 ～ 16：30（相撲博物館）
🌐 www.sumo.or.jp/Kokugikan

🌸 舊安田庭園

　　參觀完上述幾個兩國最具代表的景點後，建議可以到附近的「舊安田庭園」走一走，感受一下處於都市中綠洲般的寧靜與四季變化。園內構造是一種潮入回遊式庭園，利用隅田川高低潮的乾滿差，製造出園內湖水池位與四周景致變化，如今雖然改成用地下儲水槽的人工方式，但湖中的小島、雪見燈籠和四季更迭依然治癒著前來休憩散步的人們。（免費入園）

INFORMATION

舊安田庭園

🔵 東京都墨田區橫網1-12-1

🔵 4～9月 09:00～19:30、
　 10～3月 09:00～18:00

🔵 visit-sumida.jp/spot/6085

🌸 龜戶天神社紫藤花祭

　　龜戶天神社舊稱「龜戶天滿宮」，是九州太宰府天滿宮位於關東區的代表，創建於江戶時代，供奉學問之神，也就是天滿大神「菅原道真」。明治6年改以當地地名為稱謂的「龜戶神社」，到了昭和11年就以現在的「龜戶天神社」為正式稱號。這裡除了祭奉學問之神外，境內的花園社裡也供奉道真公的妻子和小孩，所以「龜戶天神社」也是祈求安產、育兒和「立身出世」（出人頭地）的神社。

　　「龜戶天神社」又有花的天神之稱，境內有100株以上的紫藤樹，自古以來已是著名的賞藤名勝，據記載第五代將軍德川綱吉和第八代將軍德川吉宗也曾蒞臨賞藤，此地的紫藤花還經常出現在浮世繪的世界裡，可說是魅力與名氣兼具。除了紫藤花外，龜戶天神社境內還有300株梅花，因此這裡的梅花祭也是可看性十足。

　　當神社內的紫藤花盛開時，壯觀中不失優雅，將神社襯托得別有一番風情。莊嚴的神社、紅色的太鼓橋、幽靜的湖水、湖中可愛的烏龜、橋邊的琴柱燈籠，與漫布在15座棚架上的紫藤花相互輝映，所呈現出來的景致只有在這裡才看得到，可說是龜戶天神社紫藤祭最獨特與吸引人的地方。

神社裡還可以捕捉到許多紫藤花與晴空塔的合照畫面，美輪美奐的景色隨處都是風景如畫。為了尋找晴空塔和紫藤一起入鏡的難得景觀，這時會看到許多人圍在絕佳的位置，抓好自己滿意的角度，且快門聲不斷。此時也是杜鵑花的時節，杜鵑花與紫藤花的共譜畫面又增添了更多的魅力。

細細品味完紫藤花後，過了兩座太鼓橋，走到盡頭之處，就是龜戶天神社主殿，別忘了也來參拜一下知名的學問之神。旁邊有一個小型的表演台，在紫藤祭期間會安排一些演出，逛累了不妨坐下來欣賞文化藝術表演，體驗一下日本的民俗風情與祭典文化。從神社外面的紅色鳥居一路走進神社裡，兩旁的小吃攤販一字排開，非常熱鬧，欣賞完紫藤花後出來享用地方美食剛剛好，可以度過一個愉快愜意的賞花之旅。

INFORMATION

龜戶天神社
🏠 東京都江東區龜戶3-6-1
🌐 kameidotenjin.or.jp

🌸 懷舊中華料理店「菜苑」

　　當我們從錦糸町慢慢散步而來，一路下町文化氣息濃厚，過了天神橋，馬上映入眼簾的是當地知名的懷舊中華料理店「菜苑」，炒飯、拉麵、煎餃等都各有擁護者，但我要推薦的是他們的招牌名物「純肝丼」。用甘甜中帶點辛辣的醬汁，將雞肝炒得香噴噴，淋在一大碗白飯上，再配上大量的大白蔥花，非常下飯，能很快全碗吃光。如果不太喜歡吃肝臟類的朋友，建議可以點拉麵和小碗純肝丼的套餐，他們的拉麵走清爽簡單的古早味路線，剛好與口味較重的純肝丼取得一個絕妙的平衡。這樣的套餐除了可以讓人體驗一下當地名物純肝丼外，還可以見識到日本人雙重碳水化合物的特別吃法，有麵又有飯，讓人吃得很飽足。

INFORMATION
菜苑
🏠 東京都江東區龜戶 3-1-8
🕐 午餐11：30 ～ 13：30；晚餐17：00 ～ 01：30（賣完就會提早結束營業）
🌐 tabelog.com/tokyo/A1312/A131201/13018014

🌸 日式甜點名店「船橋屋」

　　吃完了菜苑的下町美食後，接著眼前會看到一棟古意盎然的舊式建築，外面居然大排長龍，那就是遠近知名的日式甜點名店「船橋屋」的本店。他們最有人氣的元祖葛餅，是一種用葛根粉做成的白色麻糬甜點，撒上黃豆粉、加上黑糖蜜，冰冰涼涼、QQ嫩嫩的口感令人一吃難忘。如果不想排隊入店享用的話，可以直接在另一邊伴手禮處購買船橋屋的各式甜點，

INFORMATION
船橋屋
🏠 東京都江東區龜戶 3-2-14
🕐 09：00 ～ 18：00
🌐 www.funabashiya.co.jp

這邊的隊伍比較沒有那麼長。除了名產元祖葛餅外，黑糖餡蜜、銅鑼燒、紅豆蜜湯、最中餅等也都很有人氣。

🌸 最新商業設施「KAMEIDO CLOCK」

2022年4月最新開幕的複合式商業設施「KAIMEIDO CLOCK」，從龜戶車站東口走來約2分鐘就到，並為下町風情濃厚的街道注入了活潑新穎的摩登潮流感。舉凡各種知名人氣品牌，例如：戶外運動商品專賣店「Alpen Outdoors」、美式風味濃厚的「Awesome Store」、開架式化妝品「AINZ & TULPE」、大家熟悉的「TSUTAYA BOOKSTORE」、「UNIQLO」、「GU」等應有盡有。

商場裡最具特色的莫過於一樓的美食廣場「カメクロ横丁」，集結七間地方人氣美食的個性店家，以開放式的小吃街陳列型態，讓人有耳目一新的美味體驗。其中最受歡迎的是以豪邁奢華壽司蓋飯聞名的「二代目 野口鮮魚店」，他們的「野口帝王丼」絕對會讓你的視覺與味覺大吃一驚。

沒想到在樸實無華的下町龜戶，出現了一間結合地方與潮流的特色商場，喜歡慢慢品嘗東京不同風味的旅人們，不妨來一趟龜戶體驗巷弄裡的當地風情畫，再來「KAIMEIDO CLOCK」享受購物美食樂趣，這其中的反差感特別有意思。

INFORMATION

KAIMEIDO CLOCK
地 東京都江東區龜戶6-31-6
時 10：00 ～ 21：00
網 www.kameidoclock.jp

Epilogue

龜戶天神社的紫藤祭、船橋屋的甜點下午茶和附近巷弄間的下町散策不疾不徐、優遊自在。可以在JR總武線的龜戶站下車從北口走來，也可以從地下鐵半藏門線錦糸町北口慢慢散步而來，兩者皆為15分鐘左右，不論從龜戶或錦糸町過來，都可以體驗到充滿下町風味的街道與地方美食巡禮。位於押上的晴空塔也在附近，因此大家可將這些地方列為同一天的行程。還可以和本篇介紹的兩國規劃在一起，來一場純粹的下町文化探訪之旅，讓東京慢旅充滿隨意又寫意的樂趣！

在下町的鬧區「錦糸町」享受另一種

下町購物、巷弄美食與賞櫻樂趣！

すみだく 墨田區
SUMIDA-KU

きんし 錦糸
KINSHI

錦糸町是東京的「副都心」之一，連接 JR 總武線和東京地下鐵半藏門線，西邊臨近兩國，東面緊臨龜戶，交通位置十分重要，是東京23區東部下町的一大主要商圈。錦糸町車站周圍有不少購物娛樂場所，其中最受大家熟知的是占地寬廣、規模頗大的阿卡將本舖和百元商店DAISO（大創）。近來連日本知名連鎖百貨PARCO（巴而可）也進駐洋溢著濃濃下町風味的錦糸町，加上附近還有一個OIOI丸井百貨，所以千萬別小看東京下町錦糸町的購物魅力。另外在錦糸町下一站的押上還有一個廣受觀光客喜愛的人氣購物景點晴空塔，喜歡購物的朋友們，可以將這兩個地方排在一起，盡情享受另一種下町購物的絕妙樂趣！

🌸 結合潮流與下町風情的「錦糸町 PARCO」

位於JR錦糸町站南口的「樂天地大樓」與地下鐵半藏門線車站相連，從地下2樓到9樓有超市、美食、餐廳、桑拿和電影院等，是個頗受當地民眾喜愛的複合式商場。2019年3月知名連鎖PARCO百貨進駐後，為本來的下町區域注入了年輕時尚的潮流氣息。

「錦糸町PARCO」全館約105間店鋪，進入一樓就能馬上感受到嶄新的陳列驚喜，乾淨寬廣的空間裡有鮮花與精品爭豔的光采亮麗感，年輕人喜愛的幾個精品在前半部吸引逛街購物的人潮，此外還有一些是初次在錦糸町展店的品牌，走到後半部卻馬上轉變成一個集合許多下町「墨田區」一帶人氣美食的餐飲區，用優雅開放的空間將美酒美食結合在一起，是一種精品與地方美食並存的獨特結構。

在美食餐飲區裡，本來位於錦糸町巷弄中的排隊新口味拉麵店「真鯛拉麵麵魚」，現在在錦糸町PARCO也吃得到。另外「UMAMI BURGER」、「SUMIDA COFFEE」、「二代目 野口鮮魚店」等都是墨田區下町美食的代表，其中的「SUMIDA COFFEE」可以喝得到用傳統「江戶切子」盛裝的咖啡，來到下町不妨跟著當地人品嘗一下這些受到一般民眾喜愛的當地美食。

「錦糸町PARCO」的四樓全部都是**無印良品**，商品豐富，從生活雜貨、家居用品、文具、化妝保養品、各式創意商品、食品零食等到各式各樣的傢俱家電都有外，竟然還有一個能夠製作屬於自己襪子的客製化工作室！首次導入襪子編織機，從尺寸、設計、花樣都是客人自己決定，可說是非常有個性的販售手法。

裡面附設的**無印良品咖啡廳**，有多種營養均衡的料理可以吃得既健康又清爽，甜點和飲料也不會讓人失望。尤其在下午茶時間來這裡點一杯咖啡，坐在充滿無印風的日式簡約空間裡，再吃一個採用沖繩縣產「本和香糖」燒烤而成的香濃布丁，相信逛街的疲累馬上一掃而空！另外有一區採光明亮，以木製設施為主的遊戲休閒區域，散發著一股療癒的木質溫潤感，可以看到許多家長會帶著小孩在這裡玩耍，而父母也能夠在一旁稍作休憩。

　　六樓是LOFT和數間人氣美食餐廳相鄰的一個樓層，生活用品和美妝充實的LOFT是許多人赴日必逛的店家。本來活躍在東京西區新宿澀谷一帶的PARCO近年來開始往東京的東部擴展，2017年於上野御徒町開幕後，接著在下町氣息濃厚的錦糸町也展開了另一個視野。這一次與當地店家合作的模式更是突顯出PARCO走入下町當地的企圖心，無論如何，在下町注入新色彩並保留當地原色的購物新型態是錦糸町的另一種購物樂趣。

1 無印良品靴下工房；2 3 錦糸町PARCO；4 無印良品咖啡廳。

INFORMATION

錦糸町PARCO
- 東京都墨田區江東橋4-27-14
- 11：00～21：00（飲食店舖 11：00～22：00）
- kinshicho.parco.jp

🌸「錦糸町 Arcakit」有大規模的阿卡將本舖＆DAISO

■ DAISO；2 阿卡將本舖。

其實錦糸町這個不算是個熱門觀光景點的地方，在很早以前卻已吸引許多人前來大肆採購，主要是因為在錦糸町車站北口的「Arcakit」有占地寬廣的**阿卡將本舖**和百元商店**DAISO**，甚至號稱是東京最大規模。無論是商品的種類和數量都非常齊全，一次就可以把必買清單買齊，於是在早期是許多跑單幫和代購、代買業者很喜歡採買的地方，現在更是各地觀光客採購補貨的好去處。建議從七樓的DAISO開始逛起，到五樓的阿卡將本舖、四樓的UNIQLO、地下一樓的超市Life等都可以一起列入採購的行程中，相信一定會滿載而歸。

INFORMATION

錦糸町Arcakit
🏠 東京都墨田區錦糸2-2-1
　　アルカキット錦糸町
🕐 10：00 ～ 21：00
　　餐廳11：00 ～ 22：30；超市
　　09：30 ～ 23：00
🌐 mitsui-shopping-park.
　　com/arcakit

🌸 巷弄排隊美食 「真鯛拉麵麵魚」&「滿雞軒」

錦糸町車站周圍的巷弄裡隱藏了許多各式各樣的美食，有時間的話，在購物之餘不妨也深入探訪一下，也許會找到屬於自己的口袋名單也說不定。這裡要介紹的是近年來頗受大家喜愛的清淡系拉麵，一掃過去日本拉麵給人死鹹重口味的刻版印象。「真鯛拉麵麵魚」和「滿雞軒」是錦糸町的巷弄人氣拉麵，他們是姊妹系列的店家，就在各自對面，由於這裡並不是觀光人潮集中區，因此來這兩家排隊的饕客大多以日本當地人居多。上面提到「錦糸町PARCO」一樓美食區裡的「真鯛拉麵麵魚」，本店就是在這裡。

「真鯛拉麵麵魚」的特色是用愛媛縣宇和島產且從築地直接進貨的新鮮真鯛，熬煮出來的黃金湯頭，湯頭濃厚香醇，吃進嘴裡卻清爽溫和。上面躺著一片片帶著粉紅色澤的鮮嫩叉燒肉，採用真空低溫調理，再用櫻花木燻製而成，最後用柚子泥的香氣把整個美味度帶到最高的境界。另外還添加了船橋市特產小松菜，不僅在視覺上有著豐富的顏色分配外，小松菜獨特的清脆口感，也讓整碗拉麵更加清新爽口，而且營養滿分。建議還可以多點一顆黃金蛋加進拉麵裡，當半熟的蛋黃與湯頭融合在一起時，會製造出更柔和的餘韻。

「真鯛拉麵麵魚」的拉麵和雜炊（粥）。

他們的招牌其實是一種雙重碳水化合物的吃法，一碗拉麵與一碗白飯的組合，有許多日本人很喜歡這樣吃。仔細一看，這碗飯上還有鯛魚肉、蔥花和柚子泥，把拉麵吃到最後剩下的湯頭，倒入這碗飯中，就是店裡建議的美味吃法，還可以跟服務人員要求一些調味料如山葵、生薑、柚子胡椒等，吃過的人都讚美簡直是一道絕品雜炊（粥）！

INFORMATION

真鯛拉麵麵魚
🏠 東京都墨田區江東橋2-8-8 パークサイドマンション 1F
🕐 11：00 ～ 21：00
🌐 www.mengyo.net

「滿雞軒」的招牌是在日本難得一見的鴨肉拉麵，不僅湯頭是用鴨肉和鴨骨燉煮而成，連拉麵上頭的叉燒肉也是一片片鮮嫩的燻鴨肉。「滿雞軒」的

滿雞軒的「滿雞丼」和滿雞軒的鴨肉拉麵與飯類的組合。

清爽湯頭食材只有鴨和水而已，講求純樸無華的自然滋味，光是靠單純的鴨肉、鴨骨就能營造出淡雅卻具有深度的湯頭，任誰吃了都會想再回顧。兩種用低溫燻製的鴨肉鮮嫩爽口，上面再滴一點鵝肝油，讓鴨肉本身的油脂更香濃出色，搭配北海道全麥麵和船橋市特產清脆小松菜，這樣的食材內容在拉麵界可說是難得一見的嶄新吃法。鴨肉和蔥片非常對味，再加一點山葵或柚子胡椒等提味更棒。全鴨湯頭主要有鹽味和醬油兩種選擇，另外也有沾麵的吃法。點沾麵的人別忘了最後加一些昆布熱湯到剩下的沾汁中，這樣就變成一碗溫雅的全鴨清湯，可用來畫下完美的句點。

　　「滿雞軒」還有一個非常吸引人的食材，就是充滿法國風情的奢華鵝肝，他們的鵝肝油拉麵吃得到兩種燻鴨肉和鵝肝的組合。另外更有一天限定20碗的鵝肝丼飯「滿雞丼」，將鮮嫩的鴨肉與煎得香噴噴的鵝肝之間，用店裡特製的醬汁交織出絕配的美味度，但個人覺得醬汁太濃，建議可以跟店家要求醬汁加少一點，那就更完美了。再看看那一大塊豪邁霸氣的鵝肝，很難相信不到1000日幣就可以享用得到，如此超值的法式奢華就隱藏在錦糸町的巷弄裡。

INFORMATION

滿雞軒
🗾 東京都墨田區江東橋2-5-3
🕐 11：00 ～ 21：00
🌐 tabelog.com/tokyo/A1312/A131201/13220773

🌸 介於錦糸町與兩國之間的古民房「北齋茶房」

可能是自己來日本後一直住在下町，我家公婆的老家也都在下町，公公在門前仲町、婆婆在兩國，我家大塚先生從出生到長大都在東京下町，所以我對下町有一種特殊的情懷，總是喜歡在下町裡亂走亂逛，感覺特別親切，放鬆隨興卻又帶些冒險刺激感。

我家婆婆喜歡把她從年輕到老經常光顧的私房地點介紹給我，而這些私房地點很多都在她平常生活的下町裡。其中有一間是她以前回娘家時經常和姐妹們跑出去享用美味幸福時光的甜點處**「北齋茶房」**，也是一間散發原木風味的古民房咖啡，位於錦糸町和兩國之間的「北斎通り」上。

這間茶房有可口的午餐定食，可以從六種日式家常菜色中任選四樣，搭配樸實無華卻深入人心的味噌湯和米飯，每一口都吃得到茶房職人們的料理

---

1 **2** **3** 北齋茶房。

手腕與用心。最讓人驚豔的是他們家的各種日式甜點，無論白玉糰子百匯、蕨餅、最中餅或人氣刨冰等，都會讓人在第一口就愛上！大塚先生對他們家白玉糰子百匯和蕨餅的口感讚不絕口，而以前婆婆經常帶回家的紅豆泥夾心最中餅，也是這一家的伴手禮。

結帳時我們在櫃檯處買了一些伴手禮回家，各種口味的大福，其柔軟綿密的細膩感，又再度感動了我們的味蕾。最喜歡這種隱藏在下町的古民房茶房，縱然不是在光鮮亮麗的人氣潮流中心區，也完全不必擔心沒有客人來訪，因為會來的都是為了它的味道而來的有緣人，所以就讓我替我們家婆婆介紹給你，讓你也成為「北齋茶房」的有緣人。

「北齋茶房」的隔壁是一間在2022年新開的麵包坊「ベーカリー花火」，我在裡面看到名為「無敵」的咖哩麵包，外皮是用裹著大塊麵包屑的麵糊炸成，看起來超級酥脆。另外還有懷舊感十足的日式炒麵麵包，可能是炒麵的分量太多，而無法被麵包包起來，於是以一種開放式的新姿態陳列，讓日式炒麵就這樣霸氣地躺在麵包上。店裡的其他麵包也頗具個性與創新，在「北齋茶房」的隔壁呈現新舊並立的風貌，最後我們在這裡買了幾個麵包，帶著剛剛在茶房購入的美味伴手禮，一起滿足地踏上歸途。

ベーカリー花火。

INFORMATION

北齋茶房

⊕ 東京都墨田區龜澤4-8-5

⏰ 11：00 ～ 18：00（公休日：
　星期二）

🌐 tabelog.com/tokyo/A13
　12/A131201/13009563

🌸 充滿下町風味的散步與賞櫻樂趣

　　由於錦糸町離晴空塔所在的「押上」只差一個地鐵站的距離，所以走在錦糸町的巷弄裡，隨處都有遇見晴空塔就在不遠處的驚喜，也許在建築物之間的縫隙中、也許在一個轉角處，這裡是一個可以近距離捕捉晴空塔的好地方。在充滿下町風味的錦糸町巷弄裡，捕捉到的晴空塔多了一股庶民日常的生活感，別有一番風味，喜歡攝影的朋友們不妨來這裡尋訪這種老時光與現代元素融合的獨特風情畫。

　　接著要特別介紹一個賞櫻私房景點，在錦糸町車站附近的錦糸公園是個觀光客不多，但在地人很多的賞櫻人氣場所，每年3月下旬到4月上旬，園內有100多棵櫻花樹齊開的盛況，有些角度還可以捕捉到櫻花與晴空塔一起入鏡的畫面。當櫻花盛開的時節會看到許多居民鋪上野餐墊席地而坐，大人享受飲酒賞花的樂趣，小孩則聚集在遊樂設施玩耍，少了觀光景點的喧鬧擁擠，多了在地人悠閒賞櫻的歡笑聲。

INFORMATION

錦糸公園
- 🏠 東京都墨田區錦糸4-15-1
- 🌐 www.city.sumida.lg.jp/sisetu_info/kouen/kunai_park_annai/sumida_park/park14.html

公園的一邊是LOTTE大樓，裡面有飯店、餐廳、便利超商等，另一邊則是一個大型的購物中心OLINAS，有各式各樣的店鋪、餐廳和電影院，可說是一個生活機能相當好的公園，賞櫻的同時也能享受購物與美食的樂趣。

說到**晴空塔與櫻花**，順便在這裡告訴大家一個好地方，位於下一站押上的晴空塔旁，靠近鐵道處有一條河流，在這條河流上一座名為「東武橋」的河岸邊有兩株河津櫻，每一年都開得特別早，大約在2月中旬就可以看到它們盛開的模樣。如果站在櫻花樹下往上照，則會照到櫻花與晴空塔共舞的近照，雖然晴空塔非常高大，但只要試著調整幾個角度，仍然可以取到令人驚豔的結合畫面，白天和夜晚各有不同的風味。

INFORMATION

晴空塔

⊕ 東京都墨田區押上1-1-2
　 東京SKY TREE

⊛ 各店鋪不同，請查閱官網

⊕ www.tokyo-skytree.jp

┄┄┄┄┄┄┄┄┄┄┄┄┄┄┄┄┄┄┄┄┄┄┄┄

1 **2** **3** 晴空塔與櫻花；**4** 下町中的晴空塔。

Epilogue

　　如果你已經逛膩了那些商區裡的店家，或是對潮流精品集結的區域沒什麼興趣，想尋找不一樣的購物美食風格，不想到哪裡都感覺差不多的話，那麼下町中的鬧區錦糸町會是一個不錯的新選擇。想來東京下町逛街嗎？這裡的巷弄間還可以近距離觀賞晴空塔處於下町中的美好畫面喔！

和菓子店鋪的老時光！
「門‧前‧仲‧町」享受昔日風情食堂及
在充滿下町庶民生活風味的

こうとうく 江東區
KOTO-KU

もんぜんなかちょう 門前仲町
MONZEN-NAKACHŌ

大家可能對「門前仲町」並不是很熟悉，但如果提到隔壁在都營大江戶線上只差一站的清澄白河，一定會對這個近來崛起的高人氣咖啡街道耳熟能詳。其實與清澄白河相鄰的門前仲町，處處散發濃厚的江戶文化及現代人民每天努力生活的生命力，以「深川不動堂」和「富岡八幡宮」兩大寺廟神社為信仰中心，還有許多帶著昔日風情的食堂與和菓子老店。如果有機會到清澄白河朝聖時，不妨多挪出一些時間延伸到門前仲町探訪一下，走進江戶時期的老時光中，將會發現有一種古今融合的樂趣。

香火鼎盛的「深川不動堂」&「富岡八幡宮」

「深川不動堂」與千葉縣成田市的「大本山成田山新勝寺」有很大的淵源，成田山新勝寺建於940年，供奉不動明王，是日本不動尊信仰的總府。江戶時期因信仰不動尊的信徒急增，從東京到成田山新勝寺朝拜在當時需要花上3天的步行才能到達，於是決定在深川，也就是現在的門前仲町作為成田山新勝寺的東京別院，因此又稱為「深川不動堂」。

1 深川不動堂；2 深川七福神。

　　數百年來「深川不動堂」不僅漸漸成為江東區一帶民眾參拜祈福的主要寺廟之一，從各地來的信徒也非常多，四周的街道巷弄裡有許多古意盎然的和風雜貨店鋪和美味可口的美食店家。其中「深川不動堂」前方的參拜通道，被當地人稱為「人情深川ご利益通り」，販售著道地美味的仙貝、醃漬物、人氣美食和日式雜貨，通道入口處的「深川伊勢屋本店」就是我們家經常光顧的和菓子老鋪。

　　尤其在日本新年期間，深川不動堂與附近的富岡八幡宮神社會吸引非常多民眾前來參拜，排隊的人潮常常都排到外面的大馬路上，還動用了許多交通大隊人員來指揮秩序。當然在這兩個信仰大本營的四周，會舉辦連續好幾天熱鬧非凡的廟會祭典，各種美食小吃和遊戲攤販都紛紛出籠，大人與小孩同樂。其實除了新年期間外，每個月的1日、15日、28日也會有類似廟會的活動，稱作「深川緣日」，雖然沒有像新年這麼大的規模，但也是個可以接觸下町文化很棒的機會。

　　建議大家可以來門前仲町走一趟著名的「**深川七福神**」之旅，由富岡八幡宮中的惠比壽神開始，一路參拜弁財天、福祿壽、大黑天、毘沙門天、布袋尊，再到深川神明宮的壽老神。於新年期間收集七福神的朱印是信徒們每年在初詣（新年的第一次參拜）之後必做的事，據說可以保佑一整年平安無事，我們家的公婆在疫情前可是年年都走一遍。

另外，富岡八幡宮的年度祭典是8月15日舉辦的「深川八幡祭」，也是江戶三大祭典之一，八幡宮聞名的黃金神輿「御鳳輦神轎」每3年遶境一次，也就是說每3年才有看到一次的機會。深川八幡祭的別名又稱「潑水祭」，沿途觀眾可以向抬轎的人潑水，表示將穢氣清除乾淨，抬轎者和觀眾融合為一體，相當熱鬧。富岡八幡宮還有一個看點，就是神社內有「橫綱力士碑」的大相撲石碑，以及許多與相撲有關的石碑，上面刻有歷代的橫綱名字，還有巨大手印和腳印，是富岡八幡宮作為江戶勸進相撲（現在的大相撲前身）發源神社之淵源所在。

　　我們家有前往門前仲町深川不動堂參拜的習慣，在這個累積不少歲月的下町街道裡，有著熟悉的小攤販、食堂、人氣排隊店鋪，本來以為這些在生活中習以為常的東西沒什麼特別，結果近日我卻在這裡有了新發現。不知何時誕生的文青咖啡廳「MONZ CAFÉ」將老街注入一些新鮮的氣息，還有之前都被我忽略的古老旅店，竟然仍有提供住宿服務，外面的街道上又新開了幾間別具特色的居酒屋。如果幸運遇到「緣日」，可以買到美味的日式蛋包炒麵、雞蛋糕和小孩們吵著要吃的米奇造型糖葫蘆等。千萬不能小看東京的下町，就在你覺得它每天日出日落、一成不變時，也會有你曾經沒看到的一面與新事物的出現。

1 富岡八幡宮裡的「橫綱力士碑」；2 新年；3 MONZ CAFÉ；4 深川八幡祭。

🌸 人氣黃金烤魚＆漬物專賣店「近為 深川 1 號店」

接著介紹幾間我們家經常光顧的下町美食，其中一間是位於深川不動堂前方「人情深川ご利益通り」上的人氣黃金烤魚與漬物專賣店「近為 深川 1 號店」。疫情前他們有提供餐飲的服務，經常可以看到大排長龍的盛況，可惜現在只有販賣區繼續營業。這是一間從京都來的老店鋪，號稱黃金醃漬的西京燒銀鱈魚是最大的賣點，加上各季節的高級京都醃漬小菜，讓傳統經典的京都滋味在東京的下町街道中飄散。有機會來此探訪的旅人們，不妨也帶幾樣京都風味的醃漬烤魚和小菜回去，可以讓餐桌上的美味增添不少。

INFORMATION

近為 深川 1 號店
- 🏠 東京都江東區富岡 1-14-3
- 🕚 11：00 ～ 17：30
- 🌐 kintame.co.jp

🌸 手工蕎麥麵店「深川しまだ」

另一間在深川不動堂附近巷子裡的手工蕎麥麵店「深川しまだ」，門前總是有一位專業老職人用熟練的手法，打出口感極佳的蕎麥麵和烏龍麵。無論是單點的各式菜色或是午餐超值定食，都充滿江戶時期以來的道地美味，懷舊溫馨的店內氣氛，將下町風情展露無疑。

INFORMATION

深川しまだ
🏠 東京都江東區富岡1-8-2
🕐 星期二～五：午餐11：30～
13：30，晚餐17：00～21：00；
星期六、日、國定假日：
11：30～21：00（公休日：星
期一）
🌐 tabelog.com/tokyo/A1313/
A131303/13017980

🌸 隱藏在巷弄裡的居酒屋「深川富水」

　　還有一間藏身於下町風味濃厚巷弄裡的
居酒屋「深川富水」，可以在這裡度過一個
愉快悠閒、飽嘗日式料理的夜晚，是一個價
格合理、分量十足的當地居酒屋。這裡能夠
吃到新鮮的海鮮、現炸酥脆的天婦羅和許多
道地料理，他們的炸星鰻丼飯還曾上過人氣
電視節目喔！

INFORMATION

深川富水
🏠 東京都江東區富岡1-10-3
🕐 星期一～五：午餐11：00～14：00，晚餐17：00～21：00；星期六、
國定假日：午餐11：00～14：00，晚餐17：00～20：00（公休日：星
期日）
🌐 tabelog.com/tokyo/A1313/A131303/13039092

🌸 婆婆鍾愛的傳統日式甜點「入り江」

　　說到下町的傳統日式甜點老店，一定要跟大家分享這間我家婆婆吃了半輩子依然鍾情的「入り江」，他們的「あんみつ」（寒天水果豌豆餡蜜）和紅豆抹醬是婆婆的最愛。買一份紅豆抹醬回家，直接抹在吐司上，再加一塊奶油，一個美味無比的紅豆奶油厚片吐司即可完成，能馬上讓人口水直流。如果再加水煮一碗紅豆甜湯，裡面放一塊烤得酥脆又黏牙的麻糬，根本沒有人可以抵抗啊！

INFORMATION

入り江
㊙ 東京都江東區門前仲町2-6-6
🕙 11:00 ～ 18:30；公休日：星期三（遇到國定假日或深川緣日則會營業）
🌐 www.kanmidokoro-irie.com

🌸 大塚先生的私房拉麵店「こうかいぼう」

　　再來是我們家大塚先生喜歡的拉麵店「こうかいぼう」，雖然是間只有一對夫妻經營的小拉麵店，但口味卻吸引了無數饕客千里迢迢來排隊。海鮮和豬骨絕妙融合在一起的湯頭、粗麵條、粗筍乾、大片叉燒肉，再點一碗「卵かけご飯」（生蛋拌飯），吃了回味無窮。大塚先生一開始就曾拜託我別介紹這間他的私房店家，因為跟當地饕客們搶位子已經很辛苦，不太想再增加排隊敵手，但還是被我抖出來了。

INFORMATION

こうかいぼう
㊙ 東京都江東區深川2-13-10 ニックハイム深川 1F
🕙 平日：午餐11:00 ～ 15:00，晚餐17:30 ～ 19:00（賣完關店）；星期六：11:00 ～ 15:00（賣完關店）；公休日：星期三、日
🌐 tabelog.com/tokyo/A1313/A131303/13005052

🌸 人氣麵包店「Truffle BAKERY」的發源地

最後是一間充滿時尚氣息的洋式麵包店，位於清澄白河隔壁的門前仲町，本來是一個充滿下町風味的庶民街道，可能漸漸受到清澄白河咖啡文化的影響，近來也愈來愈多頗具個性與時尚的店鋪進駐。有天走在一條不起眼的路上，竟被我遇到一個非常有名的麵包烘焙坊，它的名字是法國味濃厚的「Truffle BAKERY」，黑松露蛋沙拉三明治和白松露鹽味奶油卷就是店裡的人氣招牌。結果在滿滿松露香氣的店裡，我不知不覺就買了一堆麵包回家當晚餐。

經過查詢後，我才知道「Truffle」的本店就是以門前仲町為出發點，再慢慢擴展到三軒茶屋、廣尾和輕井澤。以前若是想吃這種西洋風時尚麵包，我們都會往六本木或銀座一帶尋找，如今可以在下町街道遇到銀座、六本木才有的店家，真令人驚喜，重點是這些麵包都美味無比。感覺門前仲町與清澄白河的結合，會是一個非常有趣的散策路線。

INFORMATION

Truffle BAKERY
🏠 東京都江東區門前仲町 1-15-2
🕐 星期二～五 09：00～19：00；星期六、日、國定假日 08：00～18：00（公休日：星期一）
🌐 truffle-bakery.com

🌸 我的賞櫻私房景點

　　值得一提的是，門前仲町這裡有一個很美但觀光客不多的賞櫻私房景點，位於流經黑船橋、石島橋和東富橋的大橫川兩旁，可以看到數百株櫻花一起齊放的河岸景觀。由於來此賞櫻的人多是當地民眾，多了幾分清幽閒靜的生活感，可以來一場難得不受干擾的賞櫻時光。這裡有緊鄰著岸邊的櫻花隧道，也有櫻花與鐵橋相映而別具風味的景致，我最喜歡坐落在盡頭處，帶著薄荷色的鐵橋，與灑落下來的粉色櫻花和河面波光粼粼的琥珀綠，共同編織出的一幅清新爽朗的圖畫，在這裡也一併推薦給大家。

　　東京除了光鮮亮麗的時尚新地標外，也有富含過往風情的下町街道，充滿東京下町風情的門前仲町，有興趣走進它的往日時光中，體驗日式懷舊趣味嗎？

東京最長的商店街「戶越銀座商店街」
日本最長的拱廊式商店街「武藏小山商店街」&
要逛商店街就去東京兩大傳說中：

這篇文章要介紹東京兩大傳說中的商店街，全日本最長的拱廊式「武藏小山商店街」和東京最長的「戶越銀座商店街」。來東京旅遊的朋友們，如果你喜歡逛街、吃日本道地美食、購買伴手禮、體驗在地人的日常生活與購物休閒的話，來這兩條商店街就可以一次滿足以上需求！這兩條街加起來有五百多間商店、全程約2.4公里，集結了各種日本知名的連鎖商店、餐廳，還有各式道地日本小吃及話題人氣美食，可以說是把購物中心、各式餐廳、路邊攤、超商、超市、藥妝店、雜貨店、咖啡廳、水果行、麵包店和服飾店等全部集合在一起，還可以與當地人交流體驗庶民文化，實在是非常有趣。

接下來將以遊記的方式帶大家輕鬆漫遊其中，以「武藏小山商店街」為起點，慢慢逛到「戶越銀座商店街」。由於文中提到的店鋪非常多，因此文章內會按照街上店鋪位置的順序一一介紹，如果大家依照我們介紹的方向探訪，一定會找到文章裡面所介紹的店家，請大家跟著我們一起來一場商店街最道地的美食購物之旅！

しながわく 品川區
SHINAGAWA-KU

🌸 日本最長的拱廊式商店街「武藏小山商店街」

　　這一條商店街是全日本最長的拱廊式商店街（有屋頂的商店街），裡面匯集了各種日本知名的連鎖商店，包含：兩大百元商店Can Do和DAISO、三百元商店，還有許多販賣可愛的雜貨小物、日常生活用品、服飾、鞋子等店家，應有盡有，超商、超市和藥妝店也有好幾間，連專賣進口咖啡、零食及各種國際食材的「KALDI」都有。

　　進到入口處不久後，就會看到我家大塚爺爺喜歡的和菓子店鋪「**銀座あけぼの**」，它現在的季節限定商品和栗最中餅與銀座草莓甜點，讓人口水直流。接著發現經常出現在電視節目上的巨大甜點冰淇淋百匯專賣店「**王樣といちご**」，和「パンの田島」的各種口味夾心麵包時，我已經快要淪陷了，但想到後面還有很多經典及隱藏版美食，如果現在吃了這些肚子應該很快就會飽，只好忍痛趕快離開。

　　其實最想介紹大家的必吃美食是這條商店街的特色串燒燒烤店鋪「**鳥勇**」，他們食材飽滿、現烤現吃的日式串燒，每一串都是180日幣。最特別的是，當師傅燒烤好後，會將串燒排列在前排的展示區，客人想吃什麼就拿什麼，自己沾醬、撒上七味粉、山椒粉，一邊喝啤酒、一邊品嘗，自由自在、無拘無束。最後吃完再把竹籤拿給老闆算錢即可，和當地人站在排滿串燒的店鋪前享用，還別有一番滋味呢！

　　品嘗過後，我已被他們的雞肝串燒和砂肝串（雞胗）征服，只能一直說好吃！另外，他們竟然還有難得一見的蒲燒鰻魚串，當然不能錯過，沾上店家

INFORMATION

武藏小山商店街

🏠 東京都品川區小山3-23-5

🕐 各店鋪不同,詳情請查閱
官網

🌐 www.musashikoyama-
palm.com

特製的醬汁,再撒上提味的山椒粉,吃進嘴裡那細緻綿密的肉質,與帶著甜味的醬汁非常契合,馬上滿足了我們的味蕾。要提醒大家沾醬請沾一次就好,不可以邊吃邊沾。

　　走到這裡已經是這條商店街的盡頭,建議可以找個地方稍作休息,我非常推薦隱藏在商店街巷弄裡的咖啡館「珈琲太郎」,散發著濃濃的懷舊復古風情。我在這裡點了一杯平常已經很難看到的維也納咖啡,只有在這種古老的手工咖啡館,才有機會遇見這種經典口味。

　　接著意猶未盡的我們馬上往東京最長的商店街「戶越銀座商店街」前進,其實從這裡走路出發,不到5分鐘就能抵達,一般很少人知道這兩條商店街的距離竟然如此近。或者是大家都只知道要去比較有名氣的戶越銀座商店街,而忘了旁邊還有一條武藏小山商店街的存在,是個幾乎被戶越銀座商店街搶走風采的商店街。因此非常建議先從這條武藏小山商店街開始逛起,這樣才可以跟頗具特色的日式串燒相遇。

1 2 鳥勇; 3 銀座あけぼの。

🌸 東京最長的商店街「戶越銀座商店街」

　　「戶越銀座商店街」是東京最長的商店街，全長約1.3公里，也是最有人氣的商店街，它經常在電視節目上出現，而我們去的那天又看到了一些電視台的採訪人員穿梭其中，可見日本人多喜歡報導它。這裡的話題美食非常多，只要來這裡絕對會食慾大爆發！

　　首先在入口處有一間人氣鯛魚燒專賣店「おめで鯛焼き本舖」，在被季節限定的栗子泥和店裡招牌紅豆泥的夾攻下，我們猶豫很久，最後選了頗為少見的大阪燒內餡。酥脆清甜的高麗菜和紅薑在滿滿日式美乃滋的包圍下，果然非常大阪燒，但外皮卻是鯛魚燒的雞蛋鬆餅皮口感，這種大阪燒和鯛魚燒的結合的確滿特別，非常值得品嘗一番。

　　接著是超級有名的日式炸雞「中津からあげ渓」，它已經被各大電視節目介紹過無數次。菜單當中的NO.1是炸無骨雞腿肉，以九州中津特製蒜頭醬油醃製後再炸，外皮酥脆、肉質鮮美、調味內斂卻韻味十足。因為是現炸，所以酥脆的口感與熱騰騰的肉汁具有壓倒性的震撼效果，在場吃到的人都驚呼連連：「太好吃了！」

1 2 おめで鯛焼き本舖；3 中津からあげ渓；4 戶越銀座商店街；5 戶越銀座車站。

戶越銀座商店街除了美食外，也有很多商店可以逛，例如：百元商店、超商、超市、生活雜貨店等，另外我發現這兩條商店街裡都有很多寵物用品專賣店。走著、走著，我們看到頗具往日風情的**戶越銀座車站**，聽到懷舊的鐵道警示鈴聲，看著圍欄慢慢下降，鐵道兩旁路人靜靜等候的同時，電車緩緩入站，我不自覺按下快門，留下了一張難得的近距離照片。

　　接著看到一家專賣新鮮魚貨的商店「魚慶」，店家會在星期六開放讓客人自由拿取店裡準備的各式生魚片，任拿三盒約1000元日幣。付帳後，在店鋪外的座位就可以當場享用，而能在商店街裡吃起現買的生魚片，是很特別的體驗。

　　「とんたん」（Tontan）這家店鋪販賣非常特別的飯糰豬肉捲燒烤串，是用店家嚴選的豬肉片將糯米飯糰包起來燒烤，外面沾著微甜的燒烤醬，烤出來香噴噴的豬肉片，和裡面彈力十足的糯米飯糰結合在一起，營造出一種特別的口感與滋味，在別的地方很少機會可以吃到，連住在東京的我們都覺得很特殊。

　　此時我們發現商店街裡竟然有一間溫泉設施「**戶越銀座溫泉**」，就在飯糰豬肉捲串店鋪旁邊的巷子裡，泡一次溫泉的費用只要500日幣，實在是太超值了！在這條最長的商店街裡逛累的話，這裡絕對是消除疲勞的好地方，在東京市中心可以逛商店街再泡個溫泉，真是難得的行程啊！

　　再往前走可以看到一間用米粉製作麵包的專賣店「**米魂BEICON**」，並在其中發現「北極波蘿麵包」頗為特殊，馬上買一個來吃。裡面有冰冰涼涼的鮮奶油和一些當季水果，用米粉做的麵包有自己獨特的口感，和一般的麵包不太一樣，大家不妨試試看。

　　就在邊走邊吃「北極波蘿麵包」時，驚覺對面有一間非常有質感的吐司專賣店「LA PAN」，其實在這條傳統的地方商店街裡也隱藏了一些西洋元素。正好遇到試吃的機會，而且這一吃不得了，全部的人都說好好吃，有一種蛋糕的口感！「LA PAN」原來是來自大阪的高級吐司專賣店，在戶越銀座商店街的這一間就是他們進駐關東地區的第一號店。此時更深刻感受到絕對不能小看這條商店街，在保持傳統商店街風情下，也不忘趕上時代的潮流。身為吐司控的我馬上帶一條回家，店裡還有一些果醬也很適合當伴手禮。

　　另外還看到了一些頗具個性的高質感商店，因此我真的對這條商店街另眼相看，它的現代與傳統、復古與時尚並存，讓我們可以穿梭遊走在懷舊與現代化中，這種東西交匯、和洋風情共存的風景也是這條商店街有趣的地方。

　　接著要介紹的一隻貓咪是戶越商店街的吉祥物,名字叫做「**戶越銀次郎**」,在這條商店街裡可以找到很多他的蹤跡,可說是店家的宣傳大使。如果在賣牛奶的商店前,他的手上會拿牛奶,讓人很想進去喝一瓶;而剛剛在鮮魚店前看到的戶越銀次郎貓咪,手上拿的是一條魚;若是在咖哩麵包專賣店前,他的手上就會拿咖哩麵包,愈看愈可愛。

　　後來我們又吃了「**龍輝**」的生煎小籠包,雖然對台灣人來說,小籠包沒什麼特別,但這家的生煎小籠包吃起來有一種生煎包和小籠包的結合,而且尺寸小巧可愛,但吃的時候要小心一點,因為一咬下去,裡面的湯汁會噴出來。

　　這家有戶越銀次郎當招牌的炸咖哩麵包店「ハリマヤ」(HARIMAYA),會將麵包外皮炸得酥酥脆脆,裡面包著充滿開胃辛香料風味的咖哩,是一款日本人從小到大愛吃的古早味國民美食。炸咖哩麵包最吸引人的地方就是這層外皮與咖哩的絕妙組合,能在商店街裡面享用,更多了一股往昔的懷舊滋味。

　　「中村忠商店」的炸物如可樂餅、炸肉餅等也是日本的國民美食,買了一個炸肉餅當場一咬後發現,裡面是和牛與豬肉的結合,多了很多香甜的洋蔥,除了將絞肉的腥味完全蓋住外,還多了一股甜美的滋味,與一般吃到的炸肉餅不太一樣,大家不妨也來品嘗看看。

---

1 米魂BEICON;**2** 龍輝;**3** 戶越銀座溫泉;**4** 戶越銀次郎。

此時吃得實在是太飽、太滿足的我們，最後用隱藏在雜貨店「キシフォート」裡的豆腐冰淇淋做商店街的美食結尾，散發濃厚豆腐香的冰淇淋，把這次商店街探險之旅深深烙印在我們的腦海裡。

還有值得一提的是，在這條商店街的尾端有一間鹽的專賣店「solco」（ソルコ），客人可以坐在時尚的吧台上享用鹽味冰淇淋、選購各種獨特口味的鹽當伴手禮，作為商店街的PERFECT ENDING最適合不過。只可惜我們去的那一天是店家公休的星期二，因此只能在門口張望，心想著有一天一定要補逛回來。

戶越銀座商店街各店鋪的營業時間和公休日都不同，如果想了解更多的訊息，建議先上官網查閱，基本上傍晚會愈來愈熱鬧。平日的下午3點到6點和假日的下午2點到7點這兩個時段內，汽車和自行車禁止通行，日語叫做「步行者天堂」。位在東京品川區的戶越銀座商店街交通很方便，可搭乘東急池上線到「戶越銀座駅」或都營地下鐵淺草線到「戶越駅」皆可到達。

INFORMATION

戶越銀座商店街
- 東京都品川區戶越1-15-16
- 各店鋪不同，詳情請查閱官網
- www.togoshiginza.jp

Epilogue

全日本最長的拱廊式「武藏小山商店街」和東京最長的「戶越銀座商店街」非常適合排在一起慢慢逛，一個下午走走停停、吃吃喝喝，順便把該補的貨物和該張羅的伴手禮都搞定。以上所提到的美食都是這一個下午我們所吃的，很難想像自己竟然可以吃下這麼多的東西，但卻一點也不覺得撐，反而有種幸福的滿足感。我想這就是充滿當地居民生活感的魅力，無論是地方美食或日常生活用品，都讓人逛起來特別輕鬆愉快。下次的東京之旅，不妨來一場與商店街濃厚接觸的約會，感受一下在地人日常生活的漫遊樂趣！

甜點、隱藏版美食等你來發掘！
處處都是驚喜！古著、雜貨、咖啡廳、
走進「高圓寺」四周商店街的巷弄裡，

すぎなみく 杉並區
SUGINAMI-KU

こうえんじ 高圓寺
KŌENJI

「高圓寺」是個非常有意思的地方，很適合喜歡探險的旅人慢慢沉浸在其中探訪各種有趣的事物，尤其是在沒有任何目的地或計畫的情況下前往，更能享受散步其中的樂趣。「高圓寺」車站四周主要是由幾個商店街組成的商業區域，其中最為人所知的就是這條有著可愛名稱的「純情商店街」，與另外的「pal商店街」、「look商店街」、「吾妻通商店街」等交錯在一起。在這些商店街裡散布著許多有趣的商店和獨特的街道風情，古著（二手衣服買賣）、雜貨、咖啡廳、甜點、各種隱藏版美食等你來發掘。一旦走進這些商店街的巷弄裡，將會發現處處都是驚喜，這就是「高圓寺」最有魅力的地方！

「純情商店街」是最佳起點

如果你跟我一樣喜歡在沒有計畫的情況下跑來探險，那麼「純情商店街」會是一個很好的起點，然後再慢慢連接到其他的商店街。就像「純情商店街」的名字一樣，這條商店街裡都是一些當地居民日常生活會光顧的店家，非常樸實、平凡與道地。但夾雜在這些古著、日常生活雜貨、藥妝、蔬果、超市、麵包等平常的店鋪中，又會出現幾個令人眼睛一亮的驚喜，例如：精緻可愛的茶鋪

83

「Gclef」、隱藏在二樓的人氣小熊咖啡廳「ALL C'S CAFE」、美味可口的可麗餅專賣店「Honey Bee Crepe」、高級生吐司專賣店「一本堂」等。如果再往巷弄裡深入周圍寧靜的住宅區中，還可以挖掘到隱藏在各個角落的個性咖啡館，十分有趣，值得花上一天的時間細細探訪。

　　走著、走著，竟發現一間台灣古早味蛋糕專賣店，除了珍珠奶茶在日本是一波風潮外，這種台灣古早味蛋糕也很受日本人歡迎，日本人給它取了一個名字叫「台湾カステラ」（台灣的長崎蛋糕）。叫做「台湾カステラ」的原因是蛋糕的口感蓬鬆柔軟、順口輕盈，可說是長崎蛋糕的清爽版，多吃幾個都不會膩。這間高圓寺「新カステラ」號稱是日本最初的「台灣カステラ」店鋪，是店主跑到淡水的古早味蛋糕排隊名店學習而來。沒想到這個小時候曾經吃到的純樸口味，現在已經進化成高人氣的商品，再加上日本人的包裝和鮮奶油口味的升級版，難怪它會大受歡迎，而變成下一波的台灣美食風潮。3月限定口味的紫薯蛋糕吃起來有種芋頭的感覺，讓在日本買不到芋頭的思鄉情愁多少得到一點安慰，因此馬上被我帶回家慢慢享用。

INFORMATION
新カステラ
地 東京都杉並區高圓寺北3-20-23
時 10：00 ～ 19：30
網 shincastella.com

　　「新カステラ」的附近有一個可愛的人氣甜甜圈專賣店「Floresta」，採百分之百北海道小麥、全粒粉、日本國產大豆無調整豆乳和品質嚴選的雞蛋、奶油等食材製作，無化學添加成分，所以賞味期限最多2天，建議當天購買就盡快享用。除了有一般基本的經典樣式及季節性的限定口味外，最有人氣的就是各式各樣的動物造型。其中又以親子造型的甜甜圈最吸睛，那一個一個動物甜甜圈上還載著自己的動物寶貝，療癒感十足，看著心都融化了！

INFORMATION

Floresta
🏠 東京都杉並區高圓寺北3-34-1 庚申（こうしん）通り商店街
🕐 10：00 ～ 20：00（不定休）
🌐 www.nature-doughnuts.jp

　　中午我們就在商店街巷弄裡一間非常
特別的玩偶咖啡館「Baby King Kitchen」
享用療癒的空間與美食，舒適的沙發、
被可愛玩偶們擁抱的環境是它最大的亮
點，當然美味的蛋包飯和飲料也讓人感
到十分滿意。我們點了高人氣的招牌餐
點「公主套餐」、草莓牛奶、哈密瓜冰
淇淋蘇打和焦糖拿鐵。公主套餐裡的每
一份小菜都頗為精緻可口，番茄口味的

1 新カステラ；**2** Floresta；**3** Baby King Kitchen。

蛋包飯讓人回想起童年時吃兒童套餐的幸福感，原來長久深植人心的味覺喜好不會消失。最後每個人還可以得到一個可愛的別針，能夠自己挑選喜歡的圖案，真是個大人小孩都會喜歡的地方。

INFORMATION

Baby King Kitchen
地 東京都杉並區高圓寺北 3-2-15 珍来ビル 2 F
時 11：30 〜 21：00（不定休）
網 www.babykingkitchen.com

吃完午餐後，再繼續轉戰巷弄裡的隱藏版咖啡廳，希望能遇到一個可以享用療癒甜點的地方。果然高圓寺在這方面不會讓人失望，我們在住宅區裡發現了一個位於二樓且散發著隱密感的「Cafe & Bar LIP」，白天是光線明亮、悠閒小巧的咖啡廳，到了晚上則是一個充滿大人風味的酒吧。這裡的布丁水果咖啡凍百匯真是絕品，不僅外觀迷人，一層一層不同的滋味也令人驚喜連連。由於空間不大、人手不多、甜點製作時間頗長，較適合有充裕時間且喜歡緩慢腳步的旅人們。

INFORMATION

Cafe & Bar LIP

🌐 東京都杉並區高圓寺北 2-34-9 アミューズ館 2F

🕐 星期二～日 12：00 ～ 20：00（公休日：星期一）

🌐 tabelog.com/tokyo/A1319/A131904/13239719

🌸 在「pal 商店街」挖掘驚喜

　　此時如果還想繼續逛逛商店街，那麼「pal商店街」的豐富店鋪、人氣咖啡館和美食會是很棒的選擇。介紹一個經常出現在高圓寺必訪排行榜上，且名列前茅的奇特咖啡館「**アール座読書館**」，每次看到這個名字出現在TOP3裡時，總是不禁讓人好奇它到底有什麼魅力？原來這是一個非常重視私人空間的地方，禁止交談是它最大的特點，裡面提供各種書籍，讓人自由閱讀，因此點一杯美味的咖啡，靜靜享受讀書及被寧靜包圍的樂趣，是許多人來這裡的主要目的。「アール座読書館」的樓上還有一間咖啡館「エセルの中庭」也很有個性，在獨特的幻想異世界空間及氛圍中可以盡情交談，與樓下的「アール座読書館」形成反差，就看你喜歡哪一種類型。

INFORMATION

アール座読書館

🌐 東京都杉並區高圓寺南 3-57-6 3F

🕐 12：00 ～ 22：30（若有臨時更改，會在官網上通知）

🌐 r-books.jugem.jp

1 Baby King Kitchen；2 3 Cafe & Bar LIP；4 アール座読書館。

在「pal商店街」的巷弄裡有一間人氣馬卡龍專賣店「The Sugar Forest」，他們的馬卡龍和其他店家不一樣的地方是，在上下蛋白糊的外皮中間夾了滿滿的鮮奶油和各式各樣的美味食材。能夠吃到堅果、水果、巧克力、果醬、各式口味奶油等組合，是一種華麗十足、變化多端的韓式馬卡龍。除了夾心豐富多樣化外，外皮的口味也相當多元，他們的展示櫃裡宛如珠寶盒般躺了許多燦爛炫目的馬卡龍，相信客人只要看上一眼會被擄獲少女心。

INFORMATION

The Sugar Forest
地 東京都杉並區高圓寺南4-24-11
時 11：00 ～ 20：00
tabelog.com/tokyo/A1319/A131904/13234356

🌸 童話世界裡的繪本咖啡廳「HATTIFNATT」

接著要特別介紹我們家大塚小姑和姊姊非常喜歡的一間猶如走入童話世界裡的繪本咖啡廳「HATTIFNATT」，而它在高圓寺和吉祥寺這一帶的咖啡廳激戰區中非常有名。剛好在吉祥寺和高圓寺各有一間店，店內牆壁上塗滿各種可愛的繪畫、充滿許多療癒小物的餐飲空間、精緻小巧的裝潢設計與花卉等，都是它最吸引人的地方，每每經過「HATTIFNATT」的人，絕對會被它獨特的建築外觀和繪本風格所吸引。

一進入店裡，來到二樓主要的餐飲空間，馬上就有一種進入繪本世界裡的錯覺，一整面牆壁和天花板上都是童話故事書裡面會出現的場景與人

物，每個畫面都深深吸引我們的目光。於是隱藏在我們內心深處的童心瞬間
復甦，讚嘆的聲音與歡樂的氣息漫布在四周，不禁讓人想起小時候閱讀繪本
時的愉悅與興奮感。這是日本繪本畫家マリーニ・モンティーニ（Marini &
Monteany）的作品，他們是一對夫婦。先生主要負責描繪動物、太太則是主
攻彩繪小孩，動物和小孩是他們得意的繪畫主題，市面上也可以看到他們的
作品。夫婦一起繪畫工作一定是件愉快的事，因此他們的風格才如此歡樂與
多彩。

「HATTIFNATT」提供簡單卻美味的西式料理，有使用新鮮章魚取代豬絞
肉做成的墨西哥飯、玄米焗烤、玄米咖哩飯、滿滿蔬菜的焗烤管麵和各種現
做的脆皮披薩。另外最為人津津樂道的就是他們的拿鐵藝術咖啡，上面的笑
臉療癒感十足，抹茶牛奶和冰淇淋蘇打也是高人氣的選擇。至於各種口味的
戚風蛋糕則是必點的飯後甜點，還可以外帶回家慢慢享用。記得有一次女兒
為我點了一個草莓蛋糕派，剛好那一個月是我的生日，於是就聽到店裡傳來
一陣生日快樂歌，當我看到眼前這一盤生日慶賀蛋糕時，差點流下感動的眼
淚，真令人難忘！

享用完歡樂的療癒餐飲時光後，還可以到「HATTIFNATT」隔壁的展示館及手工藝品店鋪逛一逛，可以看到許多有趣的手工藝創作與飾品。有機會來吉祥寺和高圓寺一帶的朋友們，在旅途中感到有點疲累時，請走入「HATTIFNATT」繪本咖啡廳裡，相信一定能被裡面的獨特世界觀與繪本空間所療癒。

INFORMATION

HATTIFNATT
- 東京都杉並區高圓寺北2-18-10
- 12：00～20：00（公休日：星期一）
- www.hattifnatt.jp

🌸 新高圓寺麵包坊「兔座 LEPUS」

另外還要介紹在高圓寺隔壁的新高圓寺裡，有一間可愛的麵包坊「兔座LEPUS」，它有販賣一種高人氣的兔子造型吐司，讓人一眼就會愛上。「兔座LEPUS」的店主曾是知名法國烘焙「Joël Robuchon」侯布雄餐廳中有多年經驗的麵包職人，除了超人氣的兔子吐司外，店裡也有許多美味的麵包每天新鮮出爐。從令人懷念的古早麵包如紅豆和奶油麵包，或是其他兔子造型的麵包，到現代時髦的各種歐式麵包等，都讓人一看就食慾大開。

既然兔子吐司最大的特色是它的造型，那就更應該利用這個特點盡情發揮才對。建議可以用各種顏色的食用巧克力筆、果醬和各式新鮮水果搭配，例如：在兔子吐司上畫出眼睛、鼻子和嘴巴，就可以設計出一盤美麗又可口的早餐或下午茶點心，還可以畫出人見人愛的人氣造型主角兔丸的模樣，或是製作一個可愛度破表的野餐盒，帶出去野餐保證令大家眼睛一亮！

INFORMATION

兎座 LEPUS

地 東京都杉並區梅里1-15-13（新高圓寺車站走來5分鐘）

時 星期三～日10:00～19:00（公休日：星期一、二）

網 bakery-lepus.hatenablog.com

延伸到中野和吉祥寺一帶繼續探險

最後要跟大家分享高圓寺旁邊的中野，是一個有趣的商店街與電玩交錯的探險區域，從高圓寺走來約10分鐘，坐電車只有一站的距離。在商店街的入口處，也是有名的中野櫻花並木大道上，竟然有一間台灣香雞排專賣店，從遠遠的地方就可以聞到香噴噴的炸雞排味道，如今在東京街頭可以吃到這樣的組合：台灣香雞排和炸甜不辣，以及蘋果西打或台灣啤酒，還能一邊賞櫻，一邊享用香雞排和台啤，這是以前絕對無法想像的事。日本人稱台灣的香雞排為大雞排，用來強調跟臉一樣大，另外日本人稱炸甜不辣是台灣天婦羅（天ぷら），可能是從發音而來的關係，當我們家的吃貨們吃到時，感到驚為天人，直呼比日本的天婦羅還要好吃呢！

高圓寺與中野的商店街之旅，在此推薦給喜歡在庶民生活中加入獨特元素的旅人們，如果還想繼續探訪更多各種特色咖啡廳及雜貨店，建議可以再往隔壁的吉祥寺探險。以高圓寺為中心，可以深度體驗各種有趣的事物外，還能夠擴展範圍到東京西邊不同生活風情與新舊交匯的區域，讓東京慢旅增添多種趣味。

優雅氛圍與各具風格的店鋪！
必逛主題商店、必吃美食、Cat Street（貓街）的
·表·參·道·和·原·宿·之人氣潮流與巷弄裡的逛街樂趣！

竹下通。

走 在時代尖端、流行發源地和充滿各種美麗新事物的街道，表參道和原宿，一個是世界精品及日本本地人氣品牌、各種流行服飾、餐廳和咖啡店美食等的集結；一個則是匯集各種年輕人喜愛的元素，代表日本年輕文化的聖地。如此完全不同風格的區域，卻又緊緊相鄰在一起，是這一帶的魅力所在，走一趟表參道和原宿，會有一種巡訪世界、感受各種文化與跨越年代的體驗，請跟著本篇文章來體會一下這裡的人氣潮流與巷弄裡的逛街樂趣。

🌸 必逛主題商店與必吃美食

　　位於表參道大道上的「Kiddy Land」有一整棟大樓的商場，匯集了各種人氣動漫角色周邊的專賣店，是可愛卡通人物愛好者的天堂。四樓有拉拉熊、HELLO KITTY、Miffy，三樓有STAR WARS，二樓有迪士尼，一樓是綜合卡通人物雜貨區。最後要特別介紹的是地下一樓最有人氣的SNOOPY TOWN SHOP，一整層樓都被史努比的各種商品包圍，種類琳瑯滿目，還有原宿店鋪的限定商品，也就是只有這裡才買得到！

INFORMATION

Kiddy Land
🔘 東京都澀谷區神宮前6-1-9
🕐 11：00 ～ 20：00
🌐 www.kiddyland.co.jp/harajuku

SNOOPY TOWN SHOP。

　　如果你是愛麗絲夢遊仙境的愛好者，就一定要來逛逛這間「星期三的愛麗絲」（ALICE ON WEDNESDAY）。裡面的設計不僅散發著濃濃的愛麗絲世界觀，身處其中更彷彿置身於愛麗絲夢遊仙境裡。最吸引人的是各種髮飾、耳環、項鍊、包包、文具、裝飾品、雜貨等，都是設計感十足的愛麗絲相關商品，讓人愛不釋手。一樓的糖果餅乾伴手禮處，竟還有在愛麗絲夢遊仙境中，喝了會變大或變小的飲料「DRINK ME」，非常適合來體驗與尋寶。

INFORMATION

星期三的愛麗絲
🔘 東京都澀谷區神宮前6-28-3 カノンビル
🕐 11：00 ～ 20：00
🌐 www.aliceonwednesday.jp

JONGNO HATOGU。

在韓國掀起一股話題風潮的「JONGNO HATOGU」登陸日本後也引起許多人的關注，將原本傳統美食熱狗轉變成另一種新型態的進化系街頭美食。用米粉做成的麵團包裹熱狗，和莫札瑞拉起司展現彈力十足的口感，最後在下油鍋炸前，再沾上麵包粉或薯條塊，以增加酥脆感，層層變化的豐富度非常精彩。最令人驚豔的是炸過後的莫札瑞拉起司，會呈現一種拉不斷、能綿延到天邊的超級彈力，吃進嘴裡，爆漿四溢的融化起司在口中流散，與酥脆頗具咬勁的外皮共譜出絕妙的滋味與獨特口感，就是它最大的美味祕訣。

INFORMATION

JONGNO HATOGU

🏠 東京都澀谷區神宮前1-8-8 COXY 188 ビル 1F A

🕐 10：00 ～ 21：00

🌐 www.hatogu.jp

位於時尚人氣巷弄內的「CHAVATY」是一個可以喝到世界三大「銘茶」之一烏瓦奶茶的茶品專賣店，抹茶和焙茶的奶茶也是人氣飲品。採用低溫殺菌鮮奶煮成的烏瓦奶茶，帶點淡淡的苦澀與韻味十足的牛奶香氣。外帶的瓶子則是圓圓胖胖的寶特瓶，加上一個小小的銀色瓶蓋，拿在手上，時尚感十足。烏瓦茶是「CHAVATY」最大的賣點，除了奶茶外，也可以做成不加牛奶的紅茶版，另外他們的英式司康也很美味，和奶茶一起搭配享用能更有風味。

INFORMATION

CHAVATY

🏠 東京都澀谷區神宮前4-6-9

🕐 10：00 ～ 20：00

🌐 chavaty.jp/

就像店名一樣，吃了會讓人感到幸福的鬆餅「Magia di farina」，他們的鬆餅是採用高純度蜂蜜、日本國產小麥粉與高級發酵奶油製作而成，鬆餅麵糊中還會加入契約農場的嚴選新鮮雞蛋。一片一片細心煎烤出來的鬆餅，口感特別蓬鬆細膩，令人一吃驚豔難忘。吃進嘴裡入口即化的輕盈感，卻散發著濃郁芳醇的奶油雞蛋香，果然會讓人幸福感滿滿！

INFORMATION

Magia di farina
🏠 東京都澀谷區神宮前4-9-3清原ビル B1F
🕐 平日10：00～19：00；星期六、日、國定假日09：00～19：30
🌐 magia.tokyo/timeopen.html

　　表參道和原宿一帶也是我和女兒經常約會的地方，記得有一次帶即將成為高中生的大塚姊姊來剪頭髮，剪完後我們去拜訪一間我本來一直想去的、位於表參道附近的北歐氣質花店兼咖啡館「Nicolai Bergmann Nomu」。不知道是不是姊姊成為高中生的關係，這次約會中，我們母女間的對話，從以前大多是媽媽單方面的耳提面命，變成女兒與媽媽討論未來想做的事情，順便約好以後有機會一起去溫泉旅行，把爸爸和弟弟留在家裡。之所以決定帶女兒來這裡，單純是因為那時外面櫻花盛開，店裡也被美麗的花卉包圍，連桌面玻璃裡也鑲著滿滿的玫瑰花瓣，還有店裡的餐飲甜點都非常精緻獨特。無論女兒未來想做什麼，都希望她許過的願望就像這些盛開的繁花，能一路護送她的夢想勇敢往前行，就讓媽媽我祝她前程似錦、一路生花。

INFORMATION

Nicolai Bergmann Nomu
🏠 東京都港區南青山5-7-2
🕐 10：00～19：00（公休日：奇數月的第一個星期日）
🌐 www.nicolaibergmann.com/locations/nomu

Nicolai Bergmann Nomu。

🐾 Cat Street（貓街）的優雅氛圍與各具風格的店鋪

　　其實比起表參道上熙熙攘攘的林木大道和精品名店，巷弄裡的悠閒氛圍與各具風格的店鋪才更有趣，其中有一條名為Cat Street（貓街）的巷弄，舉凡衣服配件、時尚精品、餐廳、咖啡廳、雜貨店、古著店等應有盡有。走在Cat Street（貓街）裡不僅能夠滿足時尚的樂趣，還能感受到一股難得的閒情逸致，感覺在這裡可以很優雅地進行一場探險，因為每一個轉角都有可能會遇到獨特的驚喜。難怪「康泰納仕旅行家」（Condé Nast Traveler）說：「那些想看看更精緻的東京著名城市美學的人，不應錯過貓街」。

　　這裡有全世界女性憧憬的品牌Tiffany&Co在貓街初次登場的期間限定「東京Tiffany@Cat Street」，外觀是一棟時尚氣息濃厚的深鐵灰色現代建築物，標誌上可愛的貓咪，剛好和地點Cat Street相互呼應。在奢華高級的精品路線上加入許多輕鬆隨意的元素，是這間東京Tiffany店鋪兼咖啡廳不一樣的地方，相信一進來的人會深刻感受到「東京Tiffany@Cat Street」既新鮮又夢幻的獨特氣息，宛如一個製造浪漫的博物館，就算不買東西也是一大享受。

　　「Tiffany@Cat Street」的頂樓是一個咖啡廳，蒂芬妮藍的沙發椅、菜單看板、餐巾紙、咖啡紙杯、搭配銀色系的鋼鐵構造，和Tiffany&Co的精品設計如出一轍。在櫃檯點完餐飲後再入座的連鎖店自助經營方式，雖然缺少了

一些高級感，但拿到有概念店貓咪標誌的飲料杯和塗上一層蒂芬妮藍色巧克力的甜甜圈時，讓大家眼睛一亮，並紛紛拿起手機拍個不停。老實說Tiffany Café的食物並沒有很出色，但我想大家是來吃氣氛的，你問甜甜圈上方那一層蒂芬妮藍色巧克力有什麼特別的嗎？我只能說吃起來很甜而已，但重點是有蒂芬妮藍就是不一樣啊！

　　他們店裡有一台香水自動販賣機，整台都是蒂芬妮藍色，非常特別，除了香水外，身體乳液和沐浴精都可以投錢買到。另外還有一個顯眼可愛的推車，上面販賣的是蒂芬妮藍和純白經典顏色組合的餅乾，可以帶回去當伴手禮，相信收到禮品的人一定會捨不得吃掉。

INFORMATION

Tiffany@Cat Street
地 東京都澀谷區神宮前6-14-5
時 11：00 ～ 19：00（咖啡廳11：30 ～ 18：30）
網 www.tiffany.co.jp/jewelry-stores/cat-street

RICOTTA CHEESE鬆餅。

　以前總是很羨慕小姑和婆婆能一起出門逛街、喝下午茶的時光，因此我每天盼望著女兒長大後也可以跟我這樣約會，終於在前不久，大塚姊姊和我開始享受母女約會的樂趣！女兒和我都很喜歡鬆餅，剛好表參道和原宿這一帶有許多美味的鬆餅店，而隱藏在 Cat Street（貓街）巷弄裡的「Micasadeco & café」就是我們精心挑選的地方。

　「Micasadeco & café」是一間有美味輕食和絕品鬆餅的咖啡館，他們的 **RICOTTA CHEESE鬆餅**是店裡的人氣招牌，有著讓人驚豔的外觀和美味，吃進嘴裡有種味蕾彷彿走在雲端的錯覺！入口即化的輕盈感與鬆軟綿密的細緻感，竟讓人在不知不覺中吃光了三層鬆餅，卻一點也不會覺得膩，只留下意猶未盡的餘韻療癒著我們的味覺。

　店裡還有其他頗具特色的餐飲選擇，例如：椰奶杏仁果鬆餅、班尼迪克蛋酪梨燻鮭魚鬆餅、沙拉濃湯拼盤和蘑菇玄米燉飯等都是讓我們非常滿意的滋味。來這裡可以從早午餐吃到下午茶都不讓人失望，精緻、細膩與美味是大多數客人給他們的評價。

INFORMATION

Micasadeco & café

(地) 東京都澀谷區神宮前6-
13-2

(時) 平日11：00 ～ 18：00；
星期六、日、國定假日
10：00 ～ 19：00

(網) micasadecoandcafe.com

「INITIAL表参道」也是一間隱藏在Cat Street（貓街）巷弄裡的驚喜，它是一間水果百匯和水果奶油三明治的專賣店，當我和女兒在巷弄裡探險，走到轉角處遇見它時，馬上就被吸引進去。雖然當天午餐已經吃很飽，但還是忍不住點了綜合水果和香蕉奶油三明治，沒想到兩三口就被我們吃

1 2 3 Micasadeco & café；4 5 INITIAL 表参道。

光光！甜美多汁的水果們與意外清爽的鮮奶油十分絕配，加上柔軟細緻的吐司宛如蛋糕般的口感，相信他們的水果百匯也一定非常精彩。

INFORMATION

INITIAL 表参道
🏠 東京都澀谷區神宮前6-12-7 J-cube A棟 1F
🕐 平日12：00～23：00；星期六、日、國定假日11：00～23：00
🌐 tabelog.com/tokyo/A1306/A130601/13233470

Epilogue

繼續在Cat Street（貓街）的巷弄裡探險還會有更多的新發現，開放式的麵包坊、大排長龍的特色餐廳等，都讓人不禁停下腳步觀望，心中計畫著留給下一次的肚子！Cat Street（貓街）的街道上還有人氣美味的「Flipper's」鬆餅店、引起話題的龍蝦三明治「LUKE'S LOBSTER」、可愛迷人的糖果店「Candy Show Time」等等，更多有趣的事物等著大家來發掘。

表參道和原宿一帶集結了世界的流行服飾、走在潮流尖端的各式商品、熱門人氣話題店鋪，當然還有不可缺少的各種美食。無論何時這一區總是充滿了各地來的人潮，人山人海的現象展現了此區特有的活力四射與獨特景觀，但別忘了，巷弄裡的漫遊與探險更有意思。

LUKE'S LOBSTER。

　　計畫以東京為據點，想要來一個當天來回或兩天一夜的輕旅行，那麼不妨參考我們家在假期規劃的旅遊提案。基本上大塚家的休日旅行很多是大塚先生查閱日本旅遊網站和雜誌書籍上的當地資訊所規劃的，有時候也會聽從親朋好友的建議，其

CHAPTER 02

東京人的休日～

從東京出發的輕旅遊提案

中有一些景點可以說是只有當地人才知道的好去處，幾乎沒有什麼觀光客。如果你已經去過許多東京近郊的景點，也許會從我們的遊記和旅遊行程中得到一些新靈感，同時也可以窺探一下東京人會去哪裡小旅行呢？

輕井澤購物之旅 & 經典之旅

かるいざわ 輕井澤
KARUIZAWA

輕井澤對東京人來說是個度假休閒的代名詞,如果問大家去輕井澤做什麼,四季雖然有不同的景觀可以欣賞,夏天避暑、冬天滑雪,但唯一不變的就是享受購物樂趣。來輕井澤只要掌控兩個地方:絕對不能錯過的超人氣景點「輕井澤王子購物廣場」和熱鬧又古典的「舊輕井澤銀座通道」,就等於掌控輕井澤的購物與伴手禮。此外,文章裡還挑選了幾個適合兩天一夜的輕井澤經典之旅景點,讓來東京旅遊的朋友們可以輕鬆規劃一趟小旅行,體驗一下東京人的度假購物首選與療癒聖地。

舊輕井澤銀座通道

沿著輕井澤車站北口前的道路一直往前走約1.4公里的地方,就會連接到熱鬧又古典的「舊輕井澤銀座通道」。當初為了因應在輕井澤居住的外國人士需求,這條街上有許多販賣西式食材、麵包和果醬的商店。如今充滿外國風情的「舊輕井澤銀座通道」上有咖啡館、甜點店、麵包坊,也有各式各樣的雜貨和手工藝品店,一路上非常精彩,能讓人逛得樂不思蜀。走在其中享受不同建築物的外觀風格和悠閒自在的氛圍,也別有一番滋味,連這裡的輕井澤觀光會館的外觀都是歐式風格,增添許多購物逛街的樂趣。

麵包控的朋友們可以來品嘗一下1933年開業的「淺野屋ASANOYA」麵包坊，掛名為輕井澤三個字的藍莓麵包、嶄新模樣的紅豆麵包、一吃會上癮的法國奶油麵包等是店裡的自豪招牌，逛街中途享用一杯咖啡和烘焙點心會是美好的休憩時光。街道兩旁有新式潮流的服飾販賣店，也有傳統復古的服裝雜貨店，新舊並存、和洋折衷又各具特色，相信能滿足不同喜好的消費者。

　　巷弄裡有一間「澤屋果醬」直營店鋪，裡面有賣採用各季節新鮮食材製作而成的果醬，不添加任何化學成分，因此開封後請放入冰箱保存，並且盡快用完。其中第一名的人氣商品是用整顆新鮮草莓做成的莓果果醬。另外，直營店的限定商品抹茶牛奶果醬，香醇濃厚的抹茶令人一吃難忘，而信州當地出產的新鮮果汁也是人氣商品。

❀ 輕井澤王子購物廣場

　　「輕井澤王子購物廣場Outlet」就在輕井澤車站南口一出來的地方，占地寬廣，約有兩百多家店鋪，是日本首屈一指的購物中心，從國際品牌到輕井澤當地特產都很齊全，只怕時間不夠逛不完。購物廣場大致上分為東、西兩大區域，從中再細分為七大區，WEST主要是生活雜貨和小孩用品區域，這裡有藥妝店、便利商店、襪子店、嬰幼兒及小孩的衣服用品店等，適合攜家帶眷的家庭來這一區購物。

　　NEW WEST是國際精品和潮流時尚區，許多流行的時尚精品服飾、生活用品和廚房器具都可以在這裡找到。主流國際精品如TOMMY HILFIGER、DIESEL、MARC JACOBS等；年輕人喜愛的服飾品牌如AZUL、earth、EDWIN、JILL by JILLSTUART、CECIL McBEE等；流行包包品牌Samantha Thavasa；受許多女性朋友喜愛的DIANA女鞋；性感中又不失可愛氣息的內衣品牌AMO'S STYLE；廚房器具生活用品店T-fal和德國雙人牌、Afternoon

Tea的種類樣式都非常齊全。除此之外，這一區也有販賣日本美味的醬料食品店「久世福商店」，以及輕井澤當地的食品伴手禮店鋪Farmers' Gift，只要來NEW WEST，就可將以上商店全部一次逛到。

NEW WEST裡還有一個重頭戲，是許多法國鑄鐵鍋愛好者必逛的LE CREUSET，定價已經比市面上便宜，如果遇到打折，價格還會往下掉，加上退稅服務，許多人來到這裡肯定會失心瘋。沒有太多時間逛完整個購物中心的人，建議將這一區當主力，因為此區幾乎可以涵蓋各方面的需求。

TREE MALL、GARDEN MALL和CENTER MALL都是國際精品的集中區域，這三區離車站很近，如果你是以國際名牌為採購目標，一下車站映入眼簾的就是這些知名的大品牌。GUCCI、COACH、TORY BURCH、BTTEGA VENETA、BVLGARI、Chloe、TOD'S、ARMANI、COLE HAAN、RALPH LAUREN等，簡直就是國際精品愛好者的購物天堂。

EAST是運動休閒品牌的集中區域，幾個著名的品牌如Timberland、NIKE、Reebok、ellesse DANSKIN等都可以在這裡找到。NEW EAST裡面有許多潮流精品如GAP、OAKLEY、LANVIN、BEAMS、HAWKINS、VANS等，走經典又休閒走向。這裡還有一間LEGO專賣店，大家可以針對自己的喜好挑選主力專攻區域，相信這首屈一指的「輕井澤王子購物廣場Outlet」不會讓人失望。

除了各式精品潮流品牌外，購物廣場裡面還有一些專門販賣當地物產和伴手禮的店鋪，能讓大家一邊購物的同時，也把當地物產和美食帶回家。例如：來輕井澤必喝的安曇野優酪乳，濃厚醇郁，很多人一喝就愛上；輕井澤知名的手工西式香腸、火腿和各種起司產品，大多有提供現場試吃的服務，可以感受一下當地名物的魅力；採用信州當地水果做成的手工果醬、果汁也琳瑯滿目，各種果凍、布丁、甜點，更是讓人目不暇給。

最後要介紹購物廣場裡分散的各種美食餐廳與咖啡廳，逛街購物中途肚子微餓時，可以隨時拜訪，靠近車站的主要道路旁邊有一棟建築物「輕井澤

味の街」，集合了各種嚴選美味料理。另外，廣場裡也有一個美食街，我們這次在美食街裡面吃到了曾經引起話題風潮，外觀像擠上鮮奶油般的馬鈴薯泥烏龍麵，以及當地知名的輕井澤漢堡當午餐，吃飽後再繼續購物去。

INFORMATION

輕井澤王子購物廣場Outlet

- 長野縣北佐久郡輕井澤町輕井澤
- 基本上10：00～19：00，有些假日及7～9月會延長到20：00，每個月營業時間不太相同，請查閱官網
- www.karuizawa-psp.jp

🌸 適合兩天一夜輕旅行的經典景點

白絲瀑布

　　位於舊輕井澤北邊的白絲瀑布，從入口處一路可以看到細水潺流的千曲川，順著它的源頭而上，映入眼簾的是從寬70公尺的岩壁裡傾瀉出來，如一絲絲髮絲般的白絲瀑布。與一般常見的瀑布不太一樣的是其柔軟細膩的一面，給人一種溫柔內斂的沉靜感。神奇的是就算在嚴寒的冬日裡，白絲瀑布也不會結冰，因為它是淺間山的地下水，火山活動伴隨而來的地熱使其溫度有11.8度，整年永不休止地往千曲川流去。四季各

具風情，但個人覺得最美的時刻在冬季，當白絲瀑布的水氣高於周圍的溫度時，會有一層霧氣瀰漫在水面上，希望幸運的冬季旅人們能欣賞到這樣的絕景。

INFORMATION

白絲瀑布

地 長野縣北佐久郡輕井澤町～白糸ハイランドウエイの途中

網 www.town.karuizawa.lg.jp/www/sp/contents/1001000000697/index.html

舊三笠飯店

從白絲瀑布往三笠通道南向前進，可以到達在明治後期由日本建築師設計監製的純西洋式木造飯店「舊三笠飯店」。此飯店在當時是政商名流們來輕井澤的高級經典指標場所，一直經營到1970年停止，並在1980年被指定為國家的重要文化財，現在則成為輕井澤觀光旅遊的主要歷史建築物之一。除了外面可以照相紀念外，飯店裡也開放讓民眾進入參觀，讓我們能感受那段華麗的過往風情與復古情懷。

INFORMATION

舊三笠飯店

地 長野縣北佐久郡輕井澤町大字輕井澤1339－342

時 2019年～2024年整修中（休館）

網 www.town.karuizawa.lg.jp/www/sp/contents/1001000000964/index.html

聖保羅教堂

繼續往三笠通道南向前進，可以到達
「聖保羅教堂」，當輕井澤的外國別墅漸漸
超過300多戶，人口也愈來愈多時，為了讓
當地的外國人有一個信仰與集會重心，英國
傳教士L‧沃德神父在1935年設立了聖保羅
天主教教堂。如今「聖保羅教堂」仍然是輕
井澤知名的代表教會，經常可以看到來此做
禮拜與舉行婚禮的人們，陡峭的三角形屋頂
讓人印象刻。

INFORMATION

聖保羅教堂

🏠 長野縣北佐久郡輕井澤町輕井
　 澤179

🕐 07：00 ～ 18：00（冬季到日落；
　 儀式、禮拜進行中不可入內）

🌐 www.town.karuizawa.lg.jp/
　 www/contents/1001000000701/
　 index.html

輕井澤蕭紀念禮拜堂

「輕井澤蕭紀念禮拜堂」位於舊輕井澤商店街入口的不遠處，由被稱為
「輕井澤開發之父」的加拿大傳教士亞歷山大‧克羅夫特‧蕭等人於1895年建
立，是輕井澤最初的教堂。附近有蕭教士所居住的別墅，建於1888年，算是
輕井澤的第一棟別墅，現在已被修復完成，室內展示著當時的照片，可以體
會一下最早居住在輕井澤的外國人生活。由於蕭教士將輕井澤作為避暑勝地
的行為引起許多人仿效，所以這裡被稱為「避暑勝地輕井澤發祥地」，在四
周可以看到許多其他的別墅建築，散步其中有幾分異國優雅的閒情逸致。

INFORMATION

輕井澤蕭紀念禮拜堂

📍 長野縣北佐久郡輕井澤町大字輕
井澤57－1

🕐 09：00 ～ 17：00（冬季到16：00）

🌐 www.town.karuizawa.lg.jp/www/
contents/1001000000706/index.html

碓冰峠見晴台

　　見晴台一邊能夠看到群馬縣的群山風
光，一邊則是長野縣的山岳，在這裡可以
眺望南阿爾卑斯山、八岳和淺間山等高峰
雄姿。此時淺間山已被白雪覆蓋住山頭，
據說每年當淺間山上下了三次雪後，就會
開始輪到輕井澤地區下雪。前幾天在我們
來訪前，淺間山已經下第四次雪了，輕井
澤一帶也下了今年的初雪，於是輕井澤的
冬季物語宣告開始。

INFORMATION

碓冰峠見晴台

📍 長野縣北佐久郡輕井澤町峠町

🌐 karuizawa-kankokyokai.jp/knowledge/1477

熊野皇大神社

　　在見晴台旁邊坐落於碓冰峠上的「熊野皇大神社」是一個非常特別的神社，由於處在長野縣和群馬縣的縣界上，神社的名稱竟有兩個，左邊位於長野縣稱為「熊野皇大神社」，右邊位於群馬縣稱為「熊野神社」。主宮祭拜的地方也設置兩個讓參拜者投錢幣的賽錢箱，兩邊也各自有受理祈禱、御守、御朱印的地方和社務所。神社境內的參拜神木「科野樹」是樹齡約1000年的神木，據說順時鐘繞神木一圈，對開運和結緣有靈驗，頗受未婚朋友們的歡迎，且會專程來此求姻緣。

INFORMATION

熊野皇大神社

🔟 長野縣北佐久郡輕井澤
　　町峠町1

🌐 kumanokoutai.com

しげの屋

　　在熊野皇大神社的對面，也是位於長野和群馬兩縣的縣界上，有一間頗受輕井澤當地人所喜愛的茶館「しげの屋」，它有提供道地美味的日式和菓子與蕎麥麵，開業已有三百年的歷史。店裡有自古以來中山道碓冰峠的名物「力餅」，可說是麻糬甜點中的絕品。我們點了三種最具代表性的口味，有紅豆泥、胡桃和醬油蘿蔔泥，不論是甜而不膩的紅豆泥，還是芳香濃郁的胡桃碎末都非常美味，尤其是醬油的清香與清爽的蘿蔔泥，意外讓鹹口味的麻糬如此與眾不同，令人難忘。

INFORMATION

しげの屋

(地) 長野縣北佐久郡輕井澤町峠
町2・群馬縣安中市峠3

(時) 10：00 ～ 17：00（不定休）

(網) tabelog.com/nagano/
A2003/A200301/20000432/

輕井澤千住博美術館

　「輕井澤千住博美術館」裡展覽的是活躍全球的日本畫家千住博大師的作品，每一個作品都有自己獨特的藝術性和世界觀。此外，美術館的建築物本身是由名建築師「西澤立衛」利用柔和曲線造型的玻璃，構成不同光線變化的前衛設計。整個空間就是一個藝術創作，可以同時欣賞到作品與四季不同風貌的植物，以及和人物之間的交錯融合。一邊欣賞作品的同時宛若在森林裡漫步，利用地形高低落差呈現緩斜的獨特地板設計也是一大特色。裡面還有一個籠罩在藍色螢光下的Nightfall展覽室，另外附設的彩葉花園、美術館商店、咖啡廳和烘焙坊都非常充實，是個有獨特美和特殊氣質的美術館。

INFORMATION

輕井澤千住博美術館

(地) 長野縣北佐久郡輕井澤
町長倉815

(時) 09：30 ～ 17：00
公休日：星期二（如遇
國定假日正常開館）；
7 ～ 9月無休；12月26
日～ 2月底休館

(網) www.senju-museum.jp

ろぐ亭 Logtei 和牛大餐

從中輕井澤車站走來約4分鐘路程的「ろぐ亭」是當地富有口碑的烤肉店，最令人開心的是桌子上的設計可以同時吃到日式烤肉和涮涮鍋。我們點了最上等牛肉涮涮鍋套餐，有高級里肌肉、蔬菜拼盤、生魚片、白飯或烏龍麵、沙拉等，還點了極上和牛綜合盤，有菲力、里肌、肋排、海鮮、各式蔬菜和沙拉。看看和牛上的油花就知道其美妙的味道與入口即化的柔軟口感，夜晚就讓和牛來滿足每一個人的味蕾與疲憊的身心吧！

INFORMATION

ろぐ亭Logtei 和牛大餐

⊛ 長野縣北佐久郡輕井澤町長倉 3148-1

⊛ 11：00 ～ 21：00（公休日：星期三，但夏季無休）

⊛ logtei.jp

超市 DELiCiA

吃完晚餐後，建議去超市逛一逛並補貨帶回台灣，DELiCiA超市開到晚上10點，非常適合睡前的採購活動，而且進去逛後，發現裡面賣了很多東京一般超市裡沒有的東西。通常在百貨公司或專賣店才有的法國經典瑪黑茶竟然在這間超市裡有許多口味可以選擇，此外，輕井澤當地品牌的烘焙咖啡和手工果醬

也是東京超市裡難得會有的。強調利用當地食材製造的商品也琳瑯滿目，例如：信州果汁、蜂蜜，以及安曇野大地培育出來的蔬菜水果和地酒等。在這裡逛一圈後，相信回台的各式伴手禮及今晚的宵夜都能一併搞定。

INFORMATION

超市 DELiCiA
- 長野縣北佐久郡輕井澤町輕井澤野澤原1323-1002
- 09：00 ～ 22：00
- www.DELiCiA-web.co.jp/karuizawa

「Brasserie Chouette」法式餐館

　　位於輕井澤車站北口走來15分鐘的「Brasserie Chouette」是一間法國鄉土料理餐廳，它集有主廚在法國六年的經驗精華，以及在當地約20年的開業歷史。如果問當地人推薦的道地西式餐廳中，「Brasserie Chouette」是許多人的口袋名單。那一天我們午餐的套餐菜色有松葉蟹派餅前菜、牛蒡濃湯、主菜三選一（香煎羊肉、築地鮮魚、紅酒燉牛肉）、甜點、咖啡和自家燒烤麵包，可說是輕井澤一帶可以品嘗到法式鄉土料理的好所在。

INFORMATION

「Brasserie Chouette」法式餐館
- 長野縣北佐久郡輕井澤町東野澤原1151-14
- 午餐11：00 ～ 15：00；晚餐17：30 ～ 22：00（公休日：星期四，但黃金週和夏季無休）
- www.karuizawa-chouette.com

輕井澤王子飯店

　　「輕井澤王子飯店」是一個大型的度假中心，就在輕井澤車站附近，有高爾夫球場、購物中心、餐廳、SPA、滑雪場等豐富多元的設施。我們這次住的東館離滑雪場非常近，特別以NEO FOREST的理念，精心設計打造以森林為形象的藝術空間，無論是大廳休息區或是各樓層的迎賓區，都令人有置身於森林中的感覺。入住時，可選擇西式的豪華客室，也可選擇適合家庭一起入住的小木屋，小木屋就散布在樹林中，與滑雪場相鄰，相信小孩們看到一定會很興奮。小木屋與飯店櫃台大樓之間可以慢慢散步過去，也可以直接打電話到櫃檯叫接駁車接送，路程只有數分鐘。

INFORMATION

輕井澤王子飯店

🏣 長野縣北佐久郡輕井澤町
大字輕井澤字矢ケ崎山
1016-75

🌐 www.princehotels.co.jp/
karuizawa-east/

　　飯店的早餐在窗明几淨的一樓餐廳裡享用，有西式或日式套餐可選擇，沙拉是當地的新鮮蔬菜配上飯店特製的醬汁，清爽又開胃。若在冬季入住，建議可順便在飯店旁的滑雪場滑雪，他們備有降雪和造雪機，隨時都能提供良好的滑雪環境，還有數種難易程度不同的滑雪路線，能讓小孩和大人皆享其樂。

信濃鐵道輕井澤舊車站

「信濃鐵道輕井澤舊車站」裡裡外外有許多可看的地方，建議買一張入場券進去，就可以沉浸在鐵道與火車的美麗物語中，如果你是一個鐵道迷，更不能錯過這裡！我在裡面欣賞到許多經典獨特的火車來來去去的模樣，每一台外觀和內部特別設計過的列車，都非常有故事性地吸引著人們的眼光。

車站裡還有頗具傳奇性的ＡＢＴアプト式鐵道可以參觀，在長野新幹線未開通之前，從東京通往輕井澤的火車在橫川站會換走一種中間有齒軌的ＡＢＴアプト式鐵道，此名稱是由瑞士發明者的名字而來。由於從橫川站開始會進入愈來愈聳峻的地形，為了可以順利爬越碓冰峠，火車到此會換這種軌道行進，而火車下方也會有齒輪來與齒軌咬合。

最後當然不能忘記車站裡的伴手禮區，無論是「信濃鐵道輕井澤舊車站」裡的鐵道相關紀念品，還是隔壁輕井澤車站裡的各種美食，既然來了一趟輕井澤，怎能錯過這些美好的事物呢！

INFORMATION

信濃鐵道輕井澤舊車站
地 長野縣北佐久郡輕井澤町大字輕井澤1178
時 07：25 ～ 18：15
網 www.shinanorailway.co.jp/karuizawastation

Epilogue

因為是兩天一夜的輕旅行，所以挑選了幾個比較接近的景點，無論是自駕或利用當地的交通工具都方便到達。大家可以自由規劃搭配，來一趟購物、觀光、美食、藝術、休閒的放鬆之旅，讓輕井澤豐盈我們的東京近郊輕旅行！

富士山親子之旅 & 探險之旅

ふじさん 富士山
FUJISAN

富士山是許多旅人們一生中想要親眼目睹的景觀，對於多數人來說可以看到富士山是一件非常幸運的事，因為天氣好不好、雲霧多不多都不是我們能控制的事。這篇文章要介紹幾個經典版和隱藏版景點，讓大家可以看到不同風貌與感覺的富士山，另外有小孩的家庭一定有這方面的問題：富士山行程要怎麼安排，才能讓大人與小孩都玩得開心呢？看了這篇富士山親子之旅與探險之旅的提案，應該就可以幫助大家從中挑選適合自己的景點來安排一趟難忘的東京近郊輕旅行。

🌸 富士山兒童之國（こどもの国）

計畫來日本旅遊的好朋友曾向我提出了一個行程要求，希望可以近距離欣賞富士山，如果還可以一邊觀賞富士山一邊讓小孩不無聊有活動做的話更棒，於是這三天兩夜的富士山親子之旅就這樣形成了。結果在天氣的配合下，我們不只幸運看到許多富士山的景觀，小孩也玩得很盡興，在這裡把這個行程介紹給有需要的家庭，讓大家也能在富士山的陪同下，划船、釣魚、烤肉、玩水、騎馬、餵食動物、親近大自然並住上兩晚。

　　第一天一大早，前往在地人才知道的「富士山兒童之國」（こどもの国），從東京開車過來約2個半小時，位於靜岡縣富士市，可以近距離觀賞富士山，是一個坐落於山中大自然的樂園。它占地寬廣，主要分成住宿餐飲區、戲水區域、草原森林遊樂設施和動物體驗區，可以選擇在園中慢慢散步，一邊走一邊玩，也可以乘坐園區裡的小火車遊園。如果事先在網路上訂好樂園裡的住宿，就能夠在裡面待上一天一夜，小孩們一定會玩得很過癮。

　　第一天我們先在戲水區域（水之國）盡情地遊玩，走了一段山中小路後會發現一個美麗的湖泊，上面有許多大人和小孩在划船，一艘船最多可以乘坐三人，也有個人的獨木舟。遊湖的費用是免費的，次數無限制，每遊湖一圈，如果還想繼續划的話再排一次隊就好。另外，還有許多戲水遊樂設施，在炎熱的夏季裡會是個消暑的好去處。

INFORMATION

富士山兒童之國

地 静岡縣富士市桑崎1015

時 4～9月09:00～17:00;
10～3月09:00～16:00
（公休日：星期二，但5～
10月、寒假、年假、春假、
黃金週無休）

網 www.kodomo.or.jp

　　接著是小孩們最喜歡的釣魚活動，工具皆由樂園提供，也會有專人負責處理釣到的魚，然後再由遊客們拿到炭火區自己燒烤，灑一點鹽在上面就很鮮嫩美味。小孩對釣魚活動很感興趣，尤其在釣到的瞬間興奮無比，釣魚區裡充滿大人和小孩的歡笑聲。

　　餐廳裡準備的晚餐有成吉思汗烤肉和壽喜燒兩種選擇，每個人附有一杯飲料，小孩還有飯後的冰淇淋甜點。成吉思汗的燒烤羊肉鮮嫩美味；壽喜燒的牛肉沾著新鮮蛋液和香濃醬汁，非常下飯；最後用剩下來的壽喜燒湯汁所煮的一大碗烏龍麵，被大家吃光。

　　園區裡的住宿有飯店型的房間和草原區的露營及蒙古包體驗，都非常受歡迎，建議提早預約。我們這次預約的是家庭號的房間，採光優越、乾淨清爽，一個人一張床，能一覺到天亮。如果選擇露營的方式，園區裡面有提供露營道具和BBQ工具的租賃服務，就算兩手空空去露營也沒有問題。

　　第二天一大早，吃過餐廳準備的自助式早餐後，我們往草原區慢慢健行，享受山中新鮮無汙染的空氣，每個人都神清氣爽。最令人興奮的是可以近距離看到富士山，以非常清楚壯觀的面貌呈現在眼前，令人感動！園區裡

有準備飛盤、跳繩、羽毛球等，讓大家能在富士山的陪伴下好好運動，真是難忘的經驗。草園區裡飼養了一些動物，可以餵食、遛山羊、剪羊毛等，還可以在富士山下開心騎馬！加上許多森林遊樂設施，小孩們都玩得很盡興，大人們也可以在園中盡情欣賞富士山的各種面貌並照相留念。

　　建議開車來此最方便，一路上還可以欣賞美麗的富士山。如果搭JR東海道線請在「富士駅」下車，假日有專車接送到「富士山兒童之國」，但是一天只有去和回兩班。

JR富士駅（08：45）➡ 富士山兒童之國（09：35）
富士山兒童之國（17：04）➡ JR富士駅（17：55）
在上述時間以外來的朋友們，請利用富士急静岡BUS：www.shizuoka
bus.co.jp

🌸 富士野生動物園 SAFARI PARK

　　接著我們去「富士野生動物園SAFARI PARK」，可以自己開車進去探訪裡面的各種動物，也可以租用四輪驅動的越野車深入難走的區域，或是乘坐園區裡各種造型的叢林巴士。如果選擇叢林巴士，還可以在巴士上進行餵食，猛獸們紛紛跑來分食的畫面就在眼前真實地上演，臨場感十足。當我們的車子一進入野生區域，從一開始的黑熊、獅子、老虎和稀有獵豹，以及來到車子旁邊的長頸鹿、犀牛及駱駝等清晰可見，車上的小孩都很興奮，大人也開心。

現在「富士野生動物園SAFARI PARK」裡還有日本首次登場的Super Jungle Bus，也就是巴士屋頂是鐵柵欄的設計，當野生動物如老虎、獅子等跳到車頂上時，可以讓人更清楚地觀察牠們，同時現場的氣氛更加緊張刺激。Super Jungle Bus的詳細資訊，請上官網查詢。

INFORMATION

富士野生動物園SAFARI PARK
🏛 靜岡縣裾野市須山字藤原2255-27
🕐 3月11日～10月31日09：00～15：30；
　 11月1日～3月10日10：00～15：30
🌐 www.fujisafari.co.jp

🌸 富士山麓朝露高原「馬飼野牧場」（まかいの牧場）

位於靜岡縣富士山麓朝露高原的「馬飼野牧場」（まかいの牧場），就在富士山下不遠處，能夠欣賞到富士山美麗的樣貌。同時在富士山的陪伴下體驗各種手工製作、遊樂設施、騎馬、餵食動物、擠牛奶，甚至露營等，是大人小孩與大自然親近的好所在。我們家的小孩小時候常去「馬飼野牧場」，每一次都留下許多美好回憶。記得小孩們非常喜歡在牧場裡挑戰用火燒烤一層一層的年輪蛋糕、還有用盡力氣上下搖動瓶罐製作冰淇淋、鼓起勇氣餵食渴望食物的綿羊們，以及騎上帥氣高大馬背上的喜悅感。富士山總是靜靜地鎮守在一方似的沉穩優雅，相信在這裡露營睡一晚會是難得的體驗。

INFORMATION

馬飼野牧場
🏛 靜岡縣富士宮市內野1327-1
🕐 09：30～17：30（10月21日～2月20日09：30～16：30；公休日：
　 12月～3月中旬的每星期三、四）
🌐 www.makaino.com

🌸 富士吉田 PINE TREE

我們第二天晚上住在「富士吉田PINE TREE」，一家住一棟小木屋，裡面的廚房設備和餐具非常齊全，可以BBQ和玩煙火，如果不想自己煮飯，附近有很不錯的居酒屋和餐廳。每一棟小木屋裡還附有私人露天溫泉，泡完溫泉後可以坐在庭院裡享受寧靜的富士山邊夜晚，也可以在屋外指定的地方玩煙火，煙火是在附近超市裡買的。家裡有小小孩的人非常適合這種獨棟式有自己空間的住宿，無論購買食材、BBQ、玩煙火等都自由自在，相信小孩與大人們都能樂在其中，更多詳細的住宿資訊請查閱官網。

INFORMATION

富士吉田 PINE TREE
- 🏠 山梨縣富士吉田市松山 1229
- 🌐 www.kashibesso.com

1 忍野八海；**2** 御殿場Outlet。

　　在滿足地休息一晚後，我們接著去了河口湖、**忍野八海**、山中湖和**御殿場Outlet**，這些景點都是大家耳熟能詳的地方，其中從富士山泉源流出的伏流水所匯聚而成的湧水池忍野八海，讓我們見識到了富士山清澄純淨的水源之地。加入這幾個人氣景點的三天兩夜之旅，看到了不同面貌的富士山，各有不同的風味，每一面富士山的殘雪量都不太一樣，完全滿足了朋友一家一開始的期望與要求。有興趣的朋友們歡迎參考這個親子同樂、一起欣賞富士山的行程。

🌸 日幣千元鈔票上的富士山在哪裡？

　　接下來要介紹兩個鮮為人知的隱藏景點，首先是日幣千元鈔票上的富士山在哪裡呢？連大多數日本人都回答不出來的地方，雖然交通不是很方便，但有機會的話，還是很值得親眼去目睹和鈔票上一樣的絕景風采。

　　印在日本千元鈔票上面的富士山竟然不是在最有人氣的河口湖，而是在富士山西北山腳的「本栖湖」！當我們家小孩們漸漸長大後，有一次的富士山溫泉之旅就是帶他們一起去尋找鈔票上的絕景，找到後才發現原來我們熟悉的河口湖富士山美景外，還有完全不同風味的富士山本栖湖景。雖然這裡沒有河口湖的遼闊宏大，但在群山與群樹相襯之下探出頭來的富士山，卻有一分靜謐安詳的風姿綽約，難怪會被千挑細選為日幣紙鈔上的日本代表風景。

當我拿出千元紙鈔一起入鏡拍照時，附近的日本人們開始議論紛紛關注起我們，並對身邊的人竊竊私語：「哎呀！竟然是紙鈔上面的風景耶！趕快！你有沒有千元紙鈔啊！拿出來看看！」此時不禁在心裡偷笑著，日本人居然比我這個外國人還不清楚，自己國家紙鈔上印的富士山風光就在眼前啊！

　　富士山五湖是山梨縣內五個湖泊的總稱，這五個湖泊分別是河口湖、山中湖、西湖、精進湖和本栖湖，他們全都是因富士山噴發而形成的堰塞湖。本栖湖是富士山五湖中位於最西邊的湖泊，在現在的1000日圓和以前的5000日圓紙鈔上印的富士山美景就是這裡。基本上本栖湖周圍比較接近原始景觀，尚未開發完全，湖岸邊有幾個露營區，對於喜歡接觸大自然的旅人們來說，在這裡露營、遠足、釣魚、划船等別有樂趣。

在富士山五湖看到的富士山景觀各有不同風味，河口湖的富士山是大家最常看到的，湖面寬廣遼闊的視野讓富士山顯得更加壯麗霸氣，再看看本栖湖的富士山，似乎多了幾分精緻細膩感。本栖湖是五湖中深度最深且透明度最佳的湖，因此呈現出來的水面有種寧靜中帶著一股清澈雅緻的感覺，從山丘和樹叢中探出頭的富士山模樣多了一種神祕感，不禁讓人想細細品味。

前往千元日幣紙鈔上的富士山景點並不方便，自駕是比較機動的方式，從河口湖沿著國道300號往西北方向繞著湖邊行駛即可到達。中間會通過本栖隧道，出來沒多久看到「中之倉隧道」時就要準備找地方停車，因為千元日幣紙鈔上的景點就在此隧道旁。如果不是採取自駕的朋友可以乘坐鳴沢・精進湖・本栖湖周遊巴士（Blue line）往精進湖・本栖湖方向，在本栖湖下車後，沿著湖畔走就可以到達。

一路上能夠飽覽本栖湖特有的富士山風情和獨特的氛圍，就是這趟尋覓探訪之旅最大的樂趣，後來我們去了位於河口湖的經典景點「新倉山淺間公園」和隱藏景點「天下茶屋」。在富士吉田市北邊坐落於新倉山的淺間公園，爬了398階樓梯後所看到的絕景魅惑了無數人的目光！園內的忠靈塔（五重塔）和矗立在遠方的富士山相映成趣，如果再加上春天新倉山中盛開的櫻花，就能共譜出最具日本本色的美景，難怪會成為日本綠色米其林指引的封面照片，絕對稱得上是一生難忘的景色。「天下茶屋」也非常特別，獨自處於山崖邊的清幽避世之感是它的特色，最重要的是這裡可以眺望到不一樣的絕美富士山景色，接著馬上就來介紹這一個富士山隱藏景點。

御坂峠「天下茶屋」

這次我們家的富士山之旅格外令人懷念，因為我們心血來潮探訪了御坂峠的「天下茶屋」，為的是看一眼從崖邊眺望出去的富士山美景，以及想品嘗一下「海螺小姐」一家非常滿意的ほうとう料理。這是由一種扁平的寬麵「ほうとう」（餺飥）加上蔬菜及味噌燉煮而成熱騰騰的鍋麵，紮實的口感及

富有咬勁的彈力令人吃得很過癮。我們另外也點了店裡的招牌馬鈴薯丸子，炸過的馬鈴薯和香濃的奶油非常對味，吃完了還意猶未盡。一邊享用美食一邊欣賞著外面與雲海和殘雪共舞的富士山絕景，可說是其他地方看不太到的另一種富士山風貌，讓我們此時此刻有種來對地方的幸福感。

「天下茶屋」其實有兩間，一間是位於河口湖的分店「峠の茶屋」，一間就是昭和9年創業於這山崖邊的本店。由於居高臨下又面對著富士山，感覺可以近距離地跟富士山面對面平視的關係而被稱為「天下一茶屋」，有天下第一的意味，好靚的名字！

如何到達「天下茶屋」欣賞絕景？自駕是最方便的方式，從中央自動車道「河口湖IC」出來接國道137號線行駛，經過河口湖大橋往宮御坂方面開約15分，會先經過他的分店「峠の茶屋」，接著在新御坂隧道前方右轉，沿著舊137號線再行駛約15分就能抵達。如果要搭乘公共交通工具，建議可在「河口湖駅」搭乘富士急行線的富士急巴士往「天下茶屋行き」的路線，全程約30分，並於終點站下車。

「天下茶屋」是許多文豪喜愛的地方，其中太宰治
撰寫的小說《富嶽百景》的背景舞台就是這裡，因此二
樓附設了太宰治的紀念館，將當初太宰治在此逗留所
使用的房間完全還原。館內展示了名著《富嶽百景》、
《斜陽》、《人間失格》等作品的最初版本，以及太宰治
生平事蹟，內容頗為豐富，讓人不禁多停留了片刻。從
房間窗外灑入的一片溫暖陽光中，眺望到的富士山宛如
一幅生動的畫作，隨著日出日落、四季更迭有不同的變
化，讓我體會到太宰治會在此停留並寫下《富嶽百景》
的理由。

INFORMATION

天下茶屋

地 山梨縣南都留郡富士河口湖町河口
2739 天下茶屋

時 10：00 ～ 17：00

網 www.tenkachaya.jp

🌸 風のテラス kukuna

　　最後要分享我們家非常中意的飯店，位於
河口湖畔的「風のテラス kukuna」，房間的落
地窗與頂樓露天溫泉，都面對著無敵美景富士
山。大部分房間的陽台上就有私人溫泉，邊泡
溫泉邊欣賞富士山真是一大享受，泡到半夜都
沒人管，愛從房間泡到頂樓都無所謂。而晚餐
有數種選擇，和式法國菜、日式燒烤和鐵板燒，
有時還提供吃到飽的服務，可說是我們家最喜
歡的溫泉旅館之一，連台灣的爸媽來日本時，
我們也帶他們來這裡看富士山看到飽。

INFORMATION

風のテラス kukuna
- 山梨縣南都留郡富士河口
  湖町淺川70
- kukuna.jp

Epilogue

　　這趟富士山之旅多了尋找日幣鈔票上的絕景與「天下茶屋」這兩個地
方，和以往的行程很不一樣，所看到的富士山也很不一樣，令人非常難忘。
以上富士山親子之旅＆探險之旅的提案，希望能提供大家更多彈性的規劃
空間，期待下一次的富士山之旅，無論跟家人、朋友還是戀人都能欣賞到
更具風情萬種的絕美富士山景致。

在地人才知道的賞櫻好去處「橫濱兒童之國」！
可以自己動手做小雞拉麵的「日清拉麵博物館」&
循環式纜車「YOKOHAMA AIR CABIN」&
・橫・濱一日來回重點之旅：最新都市型

橫濱就在東京近郊搭電車約30分鐘處，有美麗的港口風光、和洋綜合的街道景觀、逛不膩的大型購物中心、美食集結的煉瓦紅磚倉庫、兼具潮流與復古的元町、大人小孩都喜歡的遊樂場和水族館等，非常適合規劃一日來回的輕旅行。這篇文章要深度介紹兩個讓大人小孩都能同樂的景點，一個是可以自己動手做小雞拉麵的「日清拉麵博物館」，另一個是在地人才知道的賞櫻好去處「橫濱兒童之國」。加上2021年4月新開幕的日本首座都市型循環式纜車「YOKOHAMA AIR CABIN」，再搭配幾個橫濱的經典場所，就會是有趣又豐富的一日遊。

YOKOHAMA AIR CABIN

　「YOKOHAMA AIR CABIN」是2021年4月新開幕的日本首座都市型循環式纜車，連結櫻木町車站與運河公園，單程約10分鐘，一路上可以看到橫濱美麗的都市景觀。從一開始繁榮的車站與熙熙攘攘的街道風光、港未來（みなとみらい）周邊的購物大樓和飯店林立的經典風貌，接著沿著運河離終點愈來愈近時，可以看到煉瓦紅磚倉庫和COSMO WORLD遊樂場等知名景點。眺望遠方更有大型船隻停靠的港口與橋梁風光，沿途景觀非常豐富精彩，讓大家能夠從高空的角度觀賞橫濱的另一個面貌，白天和夜晚都很有看頭，可說是目前最新的體驗，台灣的朋友們應該非常期待吧！

　這個號稱日本第一、世界最先端的都市型循環式纜車，不僅把櫻木町車站與運河公園之間的距離縮短，讓旅人們在橫濱的觀光交通有更方便的選擇外，也將橫濱的街道風光增添了一些摩登高科技元素。當大家下次來時將會看到不一樣的橫濱，多了「YOKOHAMA AIR CABIN」的加入，與街道、運河、摩天輪、大樓一起映入眼簾，共譜出最新的橫濱模樣。目前中學以上單程1000日幣、來回1800日幣；三歲到小學生單程500日幣、來回900日幣，搭乘地點就在櫻木町車站旁邊。

INFORMATION

YOKOHAMA AIR CABIN

🏠 神奈川縣橫濱市中區新港 2-1-2

🕐 平日10：00～21：00； 假日10：00～22：00

🌐 yokohama-air-cabin.jp

櫻木町車站附近有許多購物中心和美食廣場，總是讓人流連忘返，我們在搭乘「YOKOHAMA AIR CABIN」到另一頭運河公園前，先在「Royal Park Hotel」旁邊的「LANDMARK TOWER」，享用了充滿柚子清香的「阿夫利」拉麵和深受當地人喜愛的「**湘南鬆餅**」。同時也物色好回家前想張羅的伴手禮，目前只有在橫濱才買得到的瑪芬蛋糕「**Mrs. Elizabeth Muffin**」，看到門口絡繹不絕的客人，當場讓我決定跑進去跟店員說：「把店裡全部的口味通通給我包起來帶走！」拿回去作為橫濱獨有的伴手禮，這樣有沒有很霸氣？還有得到內閣總理大臣賞受賞的「華正樓」超大肉包和豆沙包，也是我的伴手禮清單，購物和美食慾已大爆發。接著搭上「YOKOHAMA AIR CABIN」到運河公園站又有更多好玩有趣的地方，例如：煉瓦紅磚倉庫、COSMO WORLD 遊樂場、日清拉麵博物館、萬葉俱樂部溫泉、WORLD PORTERS 購物中心等，一整天都非常精彩。

1 Mrs. Elizabeth Muffin；2 湘南鬆餅。

🌸 日清拉麵博物館

　　從和麵粉和揉麵團開始，直到泡麵完成的日清小雞拉麵製作體驗，是日清拉麵博物館內最受歡迎的活動，大人小孩都喜歡，建議事先在網路上預約，全程90分鐘都非常有趣。一開始洗手、消毒、穿上可愛圍兜兜和小雞頭巾的模樣，別忘了拍幾張照片留念，活動完後小雞頭巾還可以帶回家。緊接著在工作人員的示範與帶領下，從和麵粉和揉麵團開始，再將揉好的麵團放進機器裡自己轉動壓平和切成麵條。最後由工作人員將切好的麵條整形炸成泡麵，我們去時剛好遇到情人節期間愛心模型的最後一天，太幸運了！泡麵包裝紙上可以自由設計和彩繪，大家都很專心地畫出世界上獨一無二屬於自己的小雞拉麵樣式，最後拿到成品時每個人都很感動，自己動手做泡麵的過程真的非常有趣！

　　此外還可以參加自己組合日清杯麵內容的體驗，這項活動是在製作小雞拉麵旁邊的開放廣場裡進行。每天體驗的時間是10：00 ～ 18：00（最後一場17：30），所須時間約 45分鐘。建議事先在網路上買好附有體驗券的入場票，購買方式請參看官網。

　　製作日清杯麵是從繪製屬於我們自己的杯麵包裝開始，接著請將杯子交給工作人員，此時將玻璃窗上附屬的把手以逆時鐘方向旋轉，一個乾燥麵就會掉進我們的杯子。再來要選擇一種湯頭和四種餡料，湯頭有原味、海鮮、咖哩和番茄四種口味；餡料方面有乾燥的蔬菜、蛋、蔥花、叉燒肉、起司、玉米、雞肉丸、蝦仁等，竟然還有泡菜，當然其中必選的就是日清小雞可愛的造型魚板。

　　體驗活動結束後可以到博物館四樓的麵食街，這裡吃得到各國特殊的麵類料理，例如：中國的蘭州牛肉麵、印尼的炒麵、越南河粉、泰式酸辣湯麵、韓國冷麵、番茄義大利麵、馬來西亞咖哩麵、哈薩克的傳統羊肉蠔油炒麵等，每一種都很有特色。當然也可以吃到經典的日清小雞拉麵，香濃的雞肉湯頭加上兩種自選材料，日本國民泡麵馬上原汁原味呈現。

　　這裡居然還有日清小雞拉麵口味的冰淇淋，標榜是世界上獨創的甜點！裡面有濃厚香純的香草牛奶冰淇淋，但上面卻是日清小雞杯麵裡的配料，例如：蔥花、蝦仁和叉燒肉等，吃起來明明是甜的，卻帶有泡麵裡的鹹滋味，這令人驚奇的口感與風味真不知算不算美味，只好請大家親自來品嚐看看。

博物館二樓的展示區展示了近三千種日清泡麵和世界各國的泡麵商品，非常有意思，其中竟然有台灣的統一肉燥麵，讓人感到親切無比。位於四樓的杯麵公園是一個巨大的工廠，參觀者將自己化身為泡麵，在裡面體驗被製作的過程頗受小孩歡迎。最後別忘了到一樓的紀念品販賣處購買日清泡麵的相關伴手禮，相信會留下難忘的旅遊回憶。

INFORMATION

日清拉麵博物館
- 地 神奈川縣橫濱市中區新港 2-3-4
- 時 10：00 ～ 18：00（最後入場17：00）；休館日：星期二，但遇假日不休翌日休
- 網 www.cupnoodles-museum.jp/ja/yokohama

🌸 橫濱兒童之國（横浜こどもの国）

你跟我有一樣的問題嗎？小孩不懂賞櫻的樂趣！東京有許多賞櫻名勝可以看到美麗盛開的櫻花，但也會有如千軍萬馬般的賞櫻人潮，帶著小孩穿梭其中，大人疲累小孩也吃苦。介紹一個在地人才知道的遊樂園兼賞櫻的好去處，雖然它是個以小孩為主的樂園，也不算是熱門賞櫻名勝，卻有一整園的櫻花意外地美麗，最重要的是小孩不會跟你抱怨賞櫻好無趣！

其實我們家去過「橫濱兒童之國」很多次，因為這裡可說是小孩的遊樂聖地，我們家小孩們都很喜歡。有一年春假，在結束了小田原箱根溫泉之旅後，回東京的途中又特地去了一趟「橫濱兒童之國」，沒想到園裡到處都是櫻花，讓大人也樂於其中。此時剛好是櫻花季的尾聲，加上吹了一整天的櫻花雪，造就出許多絢麗燦爛的粉紅地毯，要能形成這樣的夢幻地毯，可見其龐大的櫻花樹數量。在「橫濱兒童之國」的門口停車場，也就是火車站一出來的地方，我們馬上被這一片櫻花林及其下方的櫻花地毯魅惑了，久久無法移開視線。

　　進了園中後發現，占地寬廣、分布在山中遊樂園各處的櫻花開得到處都是，將山林間染上一層淡淡的粉紅櫻色，除了櫻花外，桃花、水仙、瑪格麗特和鬱金香等也嬌豔無比。最令人驚喜的是，山風一吹，滿山遍野的「櫻吹雪」好浪漫，各處散布著大大小小的櫻花地毯！我們在這裡享受了一整天山中落櫻，讓我遇見那一年最美麗的「櫻吹雪」，回家後發現還有幾片櫻花掉進我的包包裡，這場櫻花雪讓人有種「拂了一身還滿」的錯覺。

　　於是我確定了一件事，「橫濱兒童之國」是一個大人小孩都能盡興的賞櫻之地，園裡可以划船、划竹筏，還有一個雪印牛乳集團經營的農場，可以餵食動物、騎馬、享用當地新鮮的牛奶及冰淇淋。我們就在這裡悠閒地度過一天，小孩們都非常開心，大人們也舒舒服服、不疾不徐地欣賞到滿山的櫻花，而且這些預期之外的櫻花，更令人感到風情萬種！

園裡雖有附設餐廳，但我們選擇中午在這裡享用美味的BBQ，園區裡提供的BBQ場所正面對著一片落羽松樹林，秋天來此一定也很美。全家一起動手燒烤，樂趣無窮，飯後將自己帶來的棉花糖也拿出來烤一烤，就是最棒的飯後甜點。用餐後，小孩們一路玩各式各樣的遊樂設施，大人們一路賞櫻及享受自然風光，如果你也有跟我們一樣的問題（小孩不懂賞櫻的樂趣），建議來這裡一日遊，就能讓全家大小都滿意。

從東京來此處的方式：在澀谷車站坐東急田園都市線（急行）到長津田車站，換兒童之國線（こどもの国線）至兒童之國車站，徒步3分鐘抵達樂園正門，全程約50分鐘。

INFORMATION

橫濱兒童之國

⊕ 神奈川縣橫濱市青葉區奈良町700

⊕ 09：30 ～ 16：30（最終入園時間：15：30）；7 ～ 8月：09：30 ～ 17：00（最終入園時間：16：00）；休園日：星期三（但遇假日不休）

⊕ www.kodomonokuni.org

達摩不倒翁、鬼太郎之散策樂趣！
「深大寺」、蕎麥麵、咖啡店、
東京近郊一日輕旅行：探訪

從市中心坐電車和巴士約1小時可到的「深大寺」，位於東京近郊調布市，建於733年，有著悠久歷史，至今依然保持原貌，矗立在綠意盎然、鬱鬱蔥蔥的草木之中，與喧擾繁華的市區形成強烈的對比。「深大寺」的四周有迷人的綠蔭街道，散發著濃厚的江戶氣息，喜歡優雅恬靜、步調緩慢的旅人們，非常適合來這裡一日輕旅行，探訪「深大寺」、蕎麥麵、咖啡店、達摩不倒翁、鬼太郎之散策樂趣！

🌸 僅次於淺草寺的第二古老寺廟 「深大寺」

安詳幽靜的古老寺院「深大寺」，在東京都內是僅次於淺草寺的第二古老寺廟，卻因離市中心有一段距離，而不像淺草寺那般

人聲鼎沸，這種遠離塵囂的安詳幽靜反倒是「深大寺」最大的魅力。在一千多年前就已經是各地農民、商人和武士等會來此祈求消災解厄或結緣，名聲遠播的寺廟。這裡有關東地區最古老的佛像「國寶白鳳佛」，是一尊銅造的釋迦如來像，因為是七世紀白鳳時期的作品，又稱為白鳳佛。從新宿搭乘京王線到調布市，從北口出來再搭京王巴士「調34」至「深大寺前通口站」下車，全程不到1個小時就可以來到這個東京的世外桃源。

　　每年3月3日和4日是「深大寺」一年一度的厄除元三大師大祭，這兩天會舉行頗具特色的達摩不倒翁市集，號稱日本三大達摩不倒翁市集之一。此時的深大寺在多不勝數的不倒翁襯托下染上了一片多采多姿的顏色，我們今年參加時雖然陰雨綿綿，但在雨中還是散發著慶典喜氣的味道，好不熱鬧。

　　市集中販賣著各式顏色與模樣的達摩不倒翁，找到自己喜歡的不倒翁後再請寺廟裡的僧侶幫忙開左眼，寫上梵文的「阿」字。除了有世間萬物起始和消災除厄的意義外，還可以許下一個心願，當心願完成時再回來請僧侶在

另外一隻眼睛上寫「吽」字，以表感謝之意。這個幫不倒翁開眼的儀式一年只有這兩天才有，而且還是「深大寺」限定的開眼儀式。

達摩不倒翁擺在家裡，可說是一個吉祥幸運的裝飾，許多店面也可以看到達摩不倒翁的擺設，用來祈求生意興隆、事業成功。基本上紅色是家內安全、白色是考試合格、粉紅色是戀愛、金色是金運上升、紫色是長壽、黃色是開運吉祥等等。記得當時因為我們家大塚小弟要參加日本中學的入學考試，所以我特地買了一個白色的，也請僧侶幫忙開左眼，希望兒子能考上自己喜歡的學校。

既然已經來到「深大寺」，當然不能錯過這裡最有名的蕎麥麵，蕎麥麵之所以好吃取決於優良的水質，這足以說明「深大寺」自古以來就是個青山綠水的好地方。吃過蕎麥麵、稍作休憩後，一定要留下來參觀下午2點登場的活動，也就是僧侶們在寺內遊行的「御練行列」。此時會看到高僧們穿著華麗的袍裳金襴七条袈裟，宛如平安繪卷般精緻又優雅，將參拜者的熱情一口氣帶到最高潮。

還有別忘了可以收集達摩不倒翁市集的限定朱印，由於我們去的那一年是平成年間最後一次的厄除元三大師大祭，這個達摩不倒翁市集的限定朱印顯得格外有意義。如果有機會在這個時期來東京遊玩的朋友們，參加「深大寺」一年一度的厄除元三大師大祭，以及日本三大之一的達摩不倒翁市集，會是很意思的行程。

這一天雨中的深大寺散策竟有一番迷人的風味，離東京1小時的近郊可以享受綠意盎然的洗禮，洗滌在都市中染上的喧囂塵擾，離開時帶走的是久違的閒情逸致與一抹微笑，才發現自己好久沒有這麼悠哉舒暢了。走在綠樹與梅花相間的深大寺參拜通道上，一間間的蕎麥麵店和咖啡店是增加散步樂趣的重點，在此介紹四間當天拜訪的店家，與大家分享我們的實際探訪心得。

🌸「一休庵」的溫泉蛋蕎麥麵

　　「一休庵」就在深大寺旁邊，可以看到現場製作手工蕎麵的模樣，這裡有一天限定20食的溫泉蛋蕎麥麵，非常特別。很少看到在沾醬裡放入溫泉蛋，沾著蛋液的手工蕎麥麵多了一分溫潤柔和感，令人印象深刻，吃起來好溫柔，令人想把沾醬都喝光。手工蕎麥麵的口感也非常棒，頗有彈力，可以讓人享受蕎麥麵專屬的特有咬勁。

INFORMATION

一休庵
- 🏠 東京都調布市深大寺元町5-11-2
- 🕐 平日11：00 ～ 15：00；假日11：00 ～ 15：30（公休日：星期一，但遇假日不休翌日休）
- 🌐 jindaiji19an.com

🌸「曼珠苑」古民家茶館

　　當我們踏進這間濃厚古民家風味的茶館時，就愛上了它樸實的古味風情，這裡有許多手工藝品、織物、杯具和雜貨，再進去一點可以看到充滿陽光與綠意的茶室。我們在這裡喝一杯咖啡和紅豆艾草麻糬湯，被溫暖柔美的光線及青翠綠意擁抱的感覺非常愜意，好想時間就停留在這一刻，絕對是都市中無法給予的療癒時光。

INFORMATION

曼珠苑
🏠 東京都調布市深大寺元町 3-30-3
🕐 11：00 ～ 17：00
🌐 tabelog.com/tokyo/A1326/A132601/13110125

🌸 遇見西洋風味的「TOM&SAM」

在「深大寺」四周充滿江戶風情的街道上，可以看到幾間西式風味的咖啡廳，其中的「TOM&SAM」是一間古典雅致的歐風咖啡館，有著美味可口的蛋糕、咖啡與各式紅茶。展示櫃裡的每一塊蛋糕都是都市裡吃不到的超值價位，點了兩壺英式午茶和一杯皇家奶茶，再到展示櫃前挑選自己喜歡的蛋糕。深感慶幸有這樣的地方來滿足大家的甜點胃，難怪不斷有人上門外帶蛋糕或內用，是一間深受當地人與觀光客喜愛的店家。

INFORMATION

TOM&SAM
- 🏠 東京都調布市深大寺元町 3-39-5
- 🕐 10：00 ～ 20：00（Shop） 11：00 ～ 18：00（Tea Room）
- 🌐 tabelog.com/tokyo/ A1326/A132601/13076629

🌸 在「鬼太郎茶屋」購買伴手禮

日本知名漫畫「鬼太郎」的作者水木茂先生，在1959年移居調布市，並與妻子在這裡度過後半生，於是深大寺可說是水木茂先生的第二故鄉。鬼太郎茶屋有特製妖怪MENU的茶室、妖怪展示區和各式鬼太郎漫畫角色的周邊商品販賣區，吸引了不少日本國內及國外的愛好者前來探訪。最後要離開時，我們在鬼太郎茶屋裡買了一些伴手禮，已有50週年歷史的鬼太郎仍人氣不減，看著裡面的展示，都不禁被吸引進去它獨特的世界裡。

INFORMATION

鬼太郎茶屋

- 東京都調布市深大寺元町 5-12-8
- 10：00 ～ 17：00 （展示區最終入場16：45；公休日：星期一，但遇假日不休翌日休）
- kitaro-chaya.jp

Epilogue

　　東京市中心裡沒有的東西，我們在「深大寺」散策裡找到了，相信來過這裡的朋友們也會跟我們一樣，離開時帶走的是久違的閒情逸致與一抹微笑。如果下次來東京想體驗一下所謂的日式悠閒，建議不妨規劃一趟「深大寺」散策之旅。

「角川武藏野博物館」！
跳脫一般規則、結合過去與未來的
在「所澤櫻花城」遇見隈研吾大師最新代表作：

日本知名建築設計師隈研吾大師說：「私の代表作になるだろう」（將會成為我的代表作！），隈研吾指的就是他的最新作品「角川武藏野博物館」，在2020年11月6日隆重開館！這篇文章是在開幕前的媒體採訪導覽中，以先行入館參觀的方式所取得的第一手資料，請大家跟著本篇文章一起來感受隈研吾大師獨特的世界觀，以及「角川武藏野博物館」與眾不同且前所未有的地方。

那天我帶著雀躍不已的心情，跳上電車坐了四條線、換了四次車，終於來到離家約1個多小時的琦玉縣所澤市。一路上指標非常明顯，因此我知道不會迷路而顯得輕鬆愉快。於是開始在地上尋找新發現的樂趣，就是所澤市的下水道蓋子，有好多知名的漫畫人物。第一次看到漫畫色彩這麼濃厚的下水道蓋，這些漫畫之間有一個共同的特性，他們背後都和一個新登場的地標「所澤櫻花城」（ところざわサクラタウン Sakura Town）有很大的關係。角川武藏野博物館所在的「所澤櫻花城」可說是近來日本建築和動漫界的新著名景點，不僅隈研吾設計的博物館非常有看頭，連旁邊的幾個建築物也都很有意思。

到了目的地後，馬上被眼前的建築物所震撼，隈研吾的最新作品「角川武藏野博物館」，是個結合美術館、博物館和圖書館的

さいたまけん 埼玉縣
SAITAMA-KEN
ところざわし 所澤市
TOKOROZAWA-SHI

複合式博物館，誕生於武藏野的大地上。以一塊巨石從大地上隆起的震撼外觀，將人類自遠古以來對巨石的神聖信仰，以及對未來無限的可能性結合在一起，從任何角度看上去有不同的多角變化，充滿不可思議的異風異體感，也將隈研吾大師的獨特世界觀展露無疑。

　　在大門口的地方，我立刻被一大幅畫吸引住目光，那是一幅為「疫病退散」而奮鬥的「アマビエ」，又酷又帥又可愛！「アマビエ」是日本傳說中的一種半魚半人妖怪，有著長髮、鳥嘴、魚身和三條腿，當他從海中伴隨著光芒出現時，能保佑豐收盛產，最重要的是還能退除瘟疫！所以「アマビエ」現在可說是個受歡迎的頂流妖怪，難怪一進大門就有一大幅他的畫像掛在牆上，很多人也在伴手禮區尋找「アマビエ」的蹤跡，想把他帶回家裡幫忙防疫工作，我也不例外。「アマビエ」當初在江戶時代出現時一定沒有想到，未來他會有這麼忙碌的時候，並成為如此受歡迎的偶像妖怪。

伴隨著博物館的隆重登場而舉辦的開幕活動「**荒俣宏**
の妖怪伏魔殿 2020」，監修者可說是日本妖怪研究的第一
人荒俣宏。在伏魔之殿大門的那一端等著我們的是一個奇
異的妖怪世界，網羅潛伏在日本各地的妖怪們，從看過到
沒看過的都有。首先映入眼簾的是妖怪迴廊，一幅幅妖怪
繪卷把遠古到現代的各種妖怪帶到我們眼前，甚至還可以
看到新進氣銳畫家所呈現的妖怪最新姿態與模樣。

接著從北海道到沖繩的日本妖怪大集合，讓我們一口
氣可以認識日本各地的妖怪，但也有一些是從來沒被世人
見過的，這些妖怪為什麼沒有出現在繪畫中、也沒有在人
們心中留下印象呢？這裡會告訴大家他們的背景、傳說，
以及沒有被認識的理由，實在太有趣了！

另外還有非常有意思的化石和骨頭，原來大家不僅能
從繪畫中認識妖怪而已，也能從這些化石和骨頭聯想出妖
怪們的具體形象。因為某些因素造成奇怪形體的出土物被
視為是天狗、魔王、鬼怪們的骨頭、化石或木乃伊等，加
上許多收藏家們的展示品與新興**透明彩繪標本**藝術家的作
品，讓「荒俣宏の妖怪伏魔殿 2020」更加精彩豐富。

在這裡我遇到了一位新進年輕的標本藝術家，由於他
的作品頗為奇特新穎、吸睛力十足，讓我不由自主地靠近
他並一口氣問了許多問題：「這些東西都是真的嗎？你為
什麼喜歡做個？還有你的材料都從哪裡來的啊？」。他很
細心地告訴我：「每一個都是真的喔！我從小就喜歡觀察
這些東西，能把他們做成標本甚至藝術是我的興趣與夢
想。我會去水裡或草叢中抓我的材料，還有專門販賣冷凍

1 透明彩繪標本；2 3 4 荒俣宏の妖怪伏魔殿 2020。

1 角川武藏野博物館；**2** 武藏野坐令和神社；**3** 伴手禮。

商品的地方也是我收集的來源，例如：這一隻變色龍……。」可能是他沒想到我這個外國人對他這麼有興趣，於是他繼續對我說明他是如何製作的，其實我很不敢去想像製作的過程，但看到這些美麗多彩的透明標本藝術，不得不佩服他的創造力與行動力。

　　角川武藏野博物館的內部設計也讓我印象深刻，其中跳脫現有規則的閱讀區，將書籍排列和座位擺設用另一種活潑隨興的方式展現，感覺更可以激發讀者的創造思考力。最後連接閱讀區的竟是一個將知識泉源和藝術結合在一起的圖書館，有小說、圖鑑、歷史書、繪畫、各種作品，甚至漫畫都非常充實，用嶄新獨特的陳列方式巧妙地把知與遊、傳統與現代、古典與科技等交織融會出一個可以喚起想像力與創造力的空間。其實這裡也是一個劇場，在欣賞完投射在這龐大書籍上的聲光影音效果後，我更可以確定，人類未來是有各種無限的可能性，而角川武藏野博物館就是這個可能性活生生的展示與告白！

　　在一樓的出入口處有一個販賣紀念品的區域，裡面有各種與博物館相關的商品，還有許多和式風味十足的東西。其中與日本鬼怪相關的書籍、和紙製品、手工藝品等是這次「荒俣宏の妖怪伏魔殿2020」企畫展的限定商品，可說是增添每一次展覽難忘回憶的最佳伴手禮。

在角川武藏野博物館旁邊的「**武藏野坐令和神社**」也是隈研吾所設計的，而這個名稱則是由國文學者中西進先生所命名，核心思想是希望日本文化能永續發揚光大。參道旗幟上寫著的是角川文化出品的漫畫作品名稱，神社天井上彩繪的鳳凰是角川的標誌，神社側邊還是動漫聖地「アニメ聖地88一番札所」，因此這裡的繪馬可以看到許多漫畫人物。從這些地方就可以看出武藏野坐令和神社與一般神社很不一樣，是個充滿角川文化風格的神社。

在博物館對面的不規則建築物裡有動漫飯店、各式店鋪餐廳、便利商店等，其中要特別介紹的是原本用來提供員工餐飲的「角川食堂」，在對外開放營業後廣獲好評，每天中午可以看到排隊的人潮絡繹不絕。從早餐、午餐到下午茶甜點都有，午餐除了有各種營養均衡的定食外，還有角川食堂的招牌咖哩飯和蛋包飯。當天我點了埼玉縣的特色飲品狹山茶可樂和一週更換一次的定食，這週的定食是長芋炸物與香煎里肌肉的組合。狹山茶可樂的綠色是茶葉本身的顏色，沒有添加任何的色素，喝起來是帶著綠茶清香的獨特風味可樂。餐廳裡的空間非常寬廣舒適，視野絕佳，可以眺望所澤市容與角川武藏野博物館的全貌，參觀完博物館後來到這裡休息剛剛好。

結束參訪後，我帶著在紀念品區找到的日本傳統妖怪手工藝品當**伴手禮**，走出館外到另一頭伴隨博物館一起建設的「武藏野坐令和神社」參拜。踏上歸途時再望一眼這個彷彿漂浮在水中的巨石，結束了收穫滿滿的「荒俣宏の妖怪伏魔殿2020」與「角川武藏野博物館」奇異之旅。「所澤櫻花城」是東京近郊最新崛起的人文藝術與動漫結合的新著名景點，提供給大家下次東京近郊之旅一個新的旅遊行程選擇。

INFORMATION

角川武藏野博物館

🏠 埼玉縣所澤市東所澤和田 3-31-3

🕐 星期日～四 10：00 ～ 18：00（最終入場 17：30）；星期五、六 10：00 ～ 21：00（最終入場 20：30）；休館日：每個月第 1、3、5 週的星期二，但遇假日不休翌日休

🌐 kadcul.com

　　近年來觀光客到日本旅遊時逛超市補貨已經是必走行程了，大家所熟悉的日本超市有 AEON、Ito Yokado、西友、LIFE、Daiei、SUMMIT、maruetsu 等，但這一篇要介紹的是觀光客不太知道，卻是東京人省錢的祕密基地！除了超市外，還有人

CHAPTER 03

跟著東京人來購物

氣HOME CENTER、百元商店、無印良品等,也是日本人入手生活上各種雜貨、器
具的好地方。其中的必買商品、人氣居家創意用品,以及伴手禮的張羅等,通通一
併跟大家分享。

竟是大多數觀光客不認識的「OK」！
號稱日本關東地區最便宜和滿意度最高的超市‧‧‧

來日本逛超市已經是許多旅人們必安排的行程，然而在日本這麼多的超市中，大家竟然對其中號稱關東地區最便宜和滿意度最高的「OK」不是很熟悉，很多人還根本沒聽過。於是這篇文章一定要來跟大家介紹這個日本人省錢的祕密基地，相信逛過的人會跟住在東京的我一樣，能在「OK」買到的東西，就不會想到其他超市去買了！

和大家所熟悉的其他日本超市相比，「OK」的知名度在觀光客當中很低，但它卻是連續好幾年榮獲客戶滿意度NO.1，以及許多東京在地人之間口耳相傳超便宜的超市。「OK」是主要以東京都、神奈川、千葉、埼玉等關東地區為中心，展開約有一百多間的連鎖店鋪，「高品質‧Everyday Low Price」是它的宗旨，訴求在同業中提供最便宜的商品給消費者，同時還兼顧商品的品質與鮮度。可以如此便宜的祕密在於「OK」為了降低成本，因此不打廣告、不發宣傳單、不開在商業熱鬧區和不提供多餘的包裝與塑膠袋。在日本尚未導入塑膠袋付費的措施時，他們早已提供回收的紙箱取代塑膠袋給客人裝東西，我當時就對「OK」這間超市印象深刻，也感受到幾分他們與其他超市不一樣的地方。

和其他大型連鎖超市，尤其是AEON、Ito Yokado和西友等相比，「OK」裡的商品類型也許沒有那麼豐富和多樣化，但基本上超市裡該有的商品這裡都有，只是他們採取的措施是大量引進同一類型的貨物來壓制成本。但令人驚喜的是，最新登場的熱門限量商品或期間限定商品，有時也可以在這裡找到，甚至有好幾次大家瘋狂買飲料送贈品的活動，我就在這裡收集到不少！也許是那些觀光客所熟悉的超市比較容易被搶購一空，反倒只有在地人才知道的「OK」沒有觀光客來搶！

　　除了大部分的商品比一般超市便宜外，遇到消費期限愈近的東西，打的折扣就愈大，例如：接近消費期限前兩天開始以3%、10%打折，到了當天就有可能以20%或30%的折扣促銷，本來已經很便宜了，再加上這些折扣更是划算。還有一個頗讓消費者安心的地方是，「OK」會在標價牌上寫出為什麼

這麼便宜，例如：「競合店対抗値下げ」指的是因為和同業競爭而降價的關係，所以可以用一百出頭的日幣買到一大盒優酪乳；或者因為是「特別提供品」的關係；或是因為某樣產品要停止供給，所以現在降價是打算全部清空等。

　　大家可能會質疑，「OK」這麼便宜，會不會品質不是很好呢？其實這個連續數年榮獲客戶滿意度NO.1的超市很在意商品品質。他們的方針是盡量以不添加和無使用著色劑及化學原料的商品為優先進貨考量，難怪常常在店裡能夠看到許多這類型的商品，讓消費者可以更放心選購。此外，除了關東地區的新鮮食材，北從北海道，南到九州、鹿兒島一帶等各地各式各樣的肉類和蔬果，在這裡都能看到，連京都知名的京野菜也是供貨量充足。

　　至於「OK」的推薦商品有哪些呢？首先一定要跟大家說的是這裡的飲料非常便宜，家喻戶曉的「午後的紅茶」一瓶才69日幣（未稅）、其他各種知名飲料70～80日幣就有，各種大大小小的碳酸飲料、咖啡飲品和稀釋飲料等也便宜不少，相信在這裡買過後就不會想到其他地方去買了。

　　冬天不可或缺的便利包熱飲，建議有機會來「OK」時，可以囤幾包起來，放在家裡或辦公室，想喝時隨時就有。再來請相信自己的眼睛，這家超市裡賣的酒精飲料也非常便宜，而且種類繁多，大家喜愛的水果氣泡酒一瓶才93日幣（未稅），建議可以多帶幾瓶回飯店裡慢慢享用。

　　計畫來日本補貨的朋友們，各種日式醬料如沙拉醬、柴魚醬油、燒肉醬、橘醋醬、壽喜燒醬等等，在「OK」都非常便宜，我們家經常會來這裡補貨。還有一小包包裝的日式拉麵湯頭，一包才45日幣，卻非常美味、方便，只要加上熱水稀釋，就可以煮出專業級的拉麵，日本家庭的冰箱裡常常可以看到它們的蹤跡。

　　我們家裡有一個零食會，成員們以品嘗各種零食為主要活動，因此經常到各處去搜刮零食，在長年的購買經驗下，發現「OK」的零食販賣區雖然不是最豐盛多樣的，但價格實在非常討喜，於是這裡絕對是大家來日本購買零食的好去處。

　　喜歡日本乳製品的朋友們，「OK」便宜的價格可以讓你享用得更開心，但要注意生鮮乳製品不能帶回台灣，請大家在日本享用就好。另外「OK」的各式便當價格也非常驚人，因為太便宜了，每次工作人員補完貨後很快就會被拿走，看看那豐盛的各式便當，一盒不到300日幣！

　　還有一定要告訴大家的是，當各大超市幾乎一盒賣250日幣左右的哈根達斯冰淇淋，「OK」卻是一盒不到200日幣就可以買得到，而且連最新登場的期間限定口味都有喔！

除了吃的東西外，各種生活相關用品，例如：洗髮精、洗衣精、洗碗精、清潔劑等，都會以合理略低的價位吸引消費者前往搬貨，難怪近來我都覺得「OK」的人潮愈來愈多，就算沒有廣告宣傳，大家還是會自己比價出來。

最後要說的是，幾乎每一家超市都有自己旗下的品牌，主打比一般市面上的品牌還便宜，但品質卻有一定的水準。「OK」一樣也有自己生產的品牌，例如：他們推出的咖啡，一包才100日幣，裡面卻有5個手沖過濾包，主要有三種口味，喝過的人大多給予CP值頗高的評價。

其實日本每個超市都有自己的特色，有些強調商品種類繁多、有些提供齊全的附加服務、有些則是附屬在購物中心裡，讓消費者可以從事其他購物活動。這次介紹的「OK」雖然店鋪多在主流之外的地區，但卻是客戶滿意度最高、號稱日本關東地區最便宜的超市，下次有機會來關東一帶旅遊的朋友們，不妨找個時間來逛逛吧！各地店鋪資訊請查閱下面官網。

INFORMATION
OK
🌐 ok-corporation.jp

HOME CENTER「CAINZ HOME」！
各式居家生活用品可以一次買齊的

こうとうく 江東區
KOTO-KU

みなみすな 南砂町
MINAMISUNA

日本「CAINZ HOME」很像台灣人熟悉的宜得利（ニトリ），但它偏重在各種居家生活用品，加上價格便宜，因此有許多日本人會在這裡把家裡所須的各類生活雜貨一次買齊，可說是頗受當地人歡迎的居家生活用品購物中心。但「CAINZ HOME」為了節省成本，以拉低販售價格，大多開設在郊區一帶，因此認識它的觀光客並不多。其實來日本旅遊的朋友們若有機會到這裡逛一逛，一定會愛上它的魅力，現在請跟著這篇文章來認識這間頗受日本人歡迎的HOME CENTER。

雖然「CAINZ HOME」的店鋪幾乎分布在郊區，在東京市區裡只有少少幾間而已（詳細店鋪資訊請查閱官網），但它販賣的東西種類琳瑯滿目，範圍涵蓋非常廣。除了很多方便實用的傢俱和居家生活用品外，多樣化的藥妝用品、清潔用品、文具、作業工具、建築材料、露營用具、腳踏車的販賣與修理等都非常齊全。此外，大部分的「CAINZ HOME」會有花卉植物的販賣廣場，從種子、幼苗到各種盆栽及栽培工具等，都可以在這裡找得到。有些館內也有經營寵物店，販賣各種寵物及寵物相關商品，甚至還附設寵物美容院與旅館。我們家也很喜歡來這裡將生活所需的用品一次買齊，便利省事和價格合理是它最大的吸引力。

首先它的廚房道具非常齊全，所謂「工欲善其事，必先利其器」，這些小道具有：輕易挖取馬鈴薯芽的尖刀、挖取番茄或草莓蒂頭的小道具、快速處理纖細蔥絲的特殊小刀、將玉蜀黍上的玉米粒輕易取下來的工具、壓碎蒜頭的道具等，有了這些工具可以節省許多寶貴的時間，同時成品又美麗。光是削皮的道具也可以找到好多種，特殊的刀片弧度處理和把手設計，讓削蔬菜及水果皮的工作變得輕鬆又簡單，甚至連番茄那薄薄的一層皮都可以輕易地削下來。另外用來製造檸檬碎皮的削皮刀、專門剪蔬菜的剪刀、細切青蔥的剪刀和專門處理雞蛋的各種用具等，分工分得好精細。看到這裡是不是頓時豁然開朗，日本主婦為什麼那麼厲害，原來是她們身邊有這麼多隨手可得的好幫手！

這裡的鍋具也應有盡有，非常建議可以入手「CAINZ HOME」自己設計推出的品牌商品，除了有優惠的價格外，還不乏得過獎的產品。其中一款在2016年榮獲日本GOOD DESIGN大賞的石頭大理石系列，輕巧不沾鍋好清洗，有各種尺寸的平底鍋和燉煮鍋具，同時精緻美觀的外型非常討喜，在日本主婦界中評價度頗高。

這裡也有販賣各種家電，最近引起一陣話題風潮的是「CAINZ HOME」自己開發的精緻時尚小家電，淡淡的優雅藍和圓潤可愛的外型，吸引不少人停下腳步關注。有快煮鍋、烤箱、咖啡機、熱烤三明治機，多功能熱烤盤等產品，其中的優格製造機和烤吐司機最有人氣，尤其是復古可愛造型的烤吐司機，經常處於缺貨的狀況。

「CAINZ HOME」自己推出的品牌商品還有精緻優雅的木製餐具、多種大小尺寸的收納盒，以及專門用來烤魚的烤具，能夠對應瓦斯和IH爐，就算沒有像日本家庭裡附設烤魚功能的瓦斯爐，也能夠烤出一樣美味的日式烤魚。

舉凡各種居家清潔用品，例如：洗衣精、洗髮精、沐浴精、洗面乳、保養品等，都可在這裡以便宜合理的價格買到，甚至連化妝品都有，雖然沒有像藥妝店那麼多樣豐富，但幾個平價基本的日系小資廠牌皆有進駐。

另外，各種文具、小型傢俱和各式寢具也可以在這裡找到，我們家裡的床單、棉被、枕頭、抱枕、曬衣架、洗衣網、清掃用具等，幾乎都是在這裡張羅的。有時還可以發現他們與迪士尼聯名合作的商品，其中我們家經常用到的餐桌桌巾，例如：愛麗絲夢遊仙境或小熊維尼等的圖案，吸睛度十足且防滑、防水、實用度高，大家不妨也來尋寶吧！

最後值得一提的是，有些店鋪附設「CAINZ HOME」旗下經營的高質感雜貨「trouveríe」和療癒系咖啡廳「CAFÉ BRICCO」，以增加更多購物的樂趣。療癒系咖啡廳「CAFÉ BRICCO」除了提供可口美味的咖啡和各式飲料外，他們的瑪芬蛋糕非常吸引人，有好多種口味，鹹的、甜的皆有，是購物途中肚子微餓時的救星。我們某天點了香橙檸檬紅茶和紅豆抹茶拿鐵，加上

1 CAFÉ BRICCO；2 trouveríe。

一支只要100日幣的牛奶冰淇淋，馬上就將逛街購物的疲累一掃而空。我們還買了香蕉巧克力、蘋果卡士達奶油、莓果、巧克力碎片、栗子和原味這六種口味的瑪芬蛋糕帶回家，紮實的口感和實在的滋味，會讓我們想再度光顧。

　　「CAFÉ BRICCO」的出現將「CAINZ HOME」點綴得更輕鬆悠閒，讓我們在選購的同時，多了一個咖啡美食的補給站和休憩的好場所。要注意的是，並不是每間「CAINZ HOME」都附有「CAFÉ BRICCO」，這篇文章裡去的是「CAINZ HOME」南砂町SUNAMO店，其他店鋪資訊可以查閱下列官網。

INFORMATION
「CAINZ HOME」南砂町SUNAMO店
㊤ 東京都江東區新砂3-4-31
㊙ 10：00 ～ 20：00
㊙ www.cainz.co.jp

有趣又便宜的創意商品買不完！
來日本百元商店裡尋寶！

在日本居住一段時間後，發現百元商店真是家庭主婦的好朋友，如果能善用百元商店裡的各種生活用具，其實可以打造出實用、節省又時髦的居家生活。同時日本百元商店的商品便宜多樣化、創意性十足，新產品推出的速度也很快，可說是跟得上時代的潮流，因此百元商店已經是許多人來日本旅遊時必逛的地方。難怪每次都會看到很多當地民眾與海外觀光客穿梭在其中，臉上寫滿了尋寶與大肆採購的樂趣。

日本的三大百元商店主要有DAISO、Seria和Can Do，每一家都有自己的創意商品，而且他們走的路線和設計風格也不太一樣，另外如果想要再好一點的品質及設計，有一種**三百元商店**如「3 COINS」，

1 2 三百元商店。

可說是百元商店的進階版，最近DAISO更推出了品質再升級的高級品牌
「Standard Products」，還進駐高級地段銀座。由於要寫的內容很多，因
此將分成兩篇文章介紹，這一篇主要介紹這些百元商店有什麼不一樣的特
色和人氣商品，下次來日本逛百元商店時，就可以按照自己的喜好重點採
購，而不會毫無頭緒。

🌸 規模大、種類繁多的 DAISO

DAISO的商品種類涵蓋非常廣，生
活上各方面能想到的東西幾乎都可以找
得到，可說是百元商店中的大哥大。近
來在強大敵手的競爭下，DAISO也開始
動作頻繁，例如：和GIRLS' TREND研究
所合作，重視起年輕女孩的潮流，推出
一系列的生活用品和文具都很吸睛，同
時也增加迪士尼系列商品與彩妝的多樣
化，還有食品零食系列也愈來愈豐富，
甚至出現了日本懷舊零食專賣區。

我個人最常購買的是他們的文具用
品和收納道具，無論種類或設計都有許
多選擇且實用，我們家小孩們每次開學
的學校用品清單，很多都是在這裡解決，從鉛筆、橡皮擦、剪刀到各式各樣
的檔案夾、筆記簿等應有盡有。雖然無法和文具專賣店的品質與創意相比，
但以百元的價格可讓小孩用一個學期頗為划算，重點是就算用壞掉或不見也
不會太心疼。

善用百元商店的收納小道具，是日本家庭主婦們近來流行的聰明收納術
與生活美學，DAISO在種類與設計上非常強大，因此運用起來很有彈性。非

常建議大家可以購入統一顏色的收納盒，和家裡現有的收納工具一起搭配使用，讓凌亂的各種雜物都有自己的歸位。顏色統一的做法在視覺上能達到整齊清爽的效果，是收納術中常被使用的技巧。另外還有許多收納罐、檔案夾和各種造型收納箱，都是收納的好幫手。

最近更是發現DAISO放了很大的力氣在開發百元化妝品上，近來推出的一系列彩妝中有很多熱賣商品，在網路上的分享度也非常熱烈。其中的眼影調色盤更是常處於缺貨狀態，還有一些化妝小道具，例如：粉刷、萬用刷、眉筆等也頗受歡迎。雖然有些商品的標價是200、300日幣（未稅）或更高，但仍然不減大家的購買慾，DAISO已經漸漸撕下自己往昔的廉價標籤，努力朝一個有個性的品牌走去！

走高質感精緻路線的 Seria

DAISO的老闆曾經在採訪中表示，要不是敵手Seria的出現，就沒有今日的DAISO！Seria帶來的競爭壓力和商品設計靈感的刺激，讓DAISO必須不停地追求進步、商品創新，才可以繼續掌握商機。而如今百元商品已不再是DAISO一枝獨秀，許多百元商店紛紛興起，其中Seria走精緻路線，讓消費者喜愛不已，例如：他們設計高雅且多功能的餐具，在網路上陸續有許多好評的聲音出現。

Seria的質感與別緻的設計會讓人覺得物超所值，他們的食器就常常令人有很大的驚喜，我曾在Seria買到法國風味十足的碗盤、極似波蘭陶瓷的食器，以及和風味濃厚的茶杯等。只要100日幣（未稅）就可以買到精緻又漂亮的成品是大多人的感想，讓人有看了一個就想買一個的衝動，結果愈買愈多，最後乾脆一整組都帶回家。最重要的是，因為只有百元，所以就算不小心打破了，也不會感到損失慘重。

百元商店裡也有許多玻璃瓶罐的選擇，讓我想到可以拿來做一些時下流行的玻璃罐沙拉、玻璃罐甜點、夏日清涼飲料和鹽（糖）漬檸檬等。而Seria的商品設計精緻優雅，顏色變化多端，還不忘追隨流行的腳步就是他們最受歡迎的地方。另外我發現Seria的紙膠帶也很優秀，每次來這裡都會帶一、兩個回家，結果現在家裡都不知躺了幾個，只好再買專門收集膠帶的盒子裝起來，看來我也中毒不淺啊！

充滿小創意的 Can Do

Can Do和DAISO比起來也許沒有這麼大的規模和繁多的種類，也沒有Seria的精緻與高質感，但在這兩大強敵的鞭策下，它的路線也愈走愈有變化，且創意十足。我曾在Can Do購入別具特色的富士山飯碗及附有手把的時尚玻璃罐飲料杯，走在店裡還發現有一些別具巧思的商品，且近來也愈來愈多化妝品與指甲彩繪的東西出現，讓人很懷疑這些真的只要100日幣嗎？

Can Do的創意商品常常讓我感到會心一笑，例如：有一款便利計量湯匙，可愛的牛奶鍋外型擄獲了不少消費者的心，大小兩枝一組100日幣，小的容量是5ml，大的是15ml，除了白色外，也有紅色和藍色的版本。它可以拿來當作料理時的計量匙，或是直接放在調味料盒子裡面，也可以拿來當作喝咖啡時的牛奶迷你盅，和吃沙拉時放置沙拉醬的小容器，有了它們的出現，餐桌上多了幾分活潑可愛的氣息。也有人拿來當作便當盒裡盛裝小菜的容器，激發出好多新奇有趣的使用創意，而這也是百元商品帶給消費者的另一種樂趣。

記得在日本電視上看過介紹百元商店創意商品的節目，Can Do就占了其中的好幾樣！令人印象深刻的有：將剛煮好的水煮蛋放進造型盒中關緊，放進冷水十分鐘後再拿出來，就能做成可愛造型的水煮蛋；用手揉一揉就可以做出一杯新鮮果汁的矽膠材質袋；以及可以插上水果當戒指的水果叉，也可插上蔬菜，以增進小孩的食慾，據說不喜歡蔬果的小孩，也會因此願意大口大口吃，還有好多創意商品等著大家去發掘。

最後還想再讚賞一次百元商店的收納盒，最受歡迎的地方是有許多尺寸和形狀的選擇，可以依照自己家裡的需求做選購，一次多買幾個排列在櫃子裡或收納架上，一個才百元日幣，非常親民。Can Do就有幾款附上蓋子的收納盒頗有質感，日本家庭主婦就是利用這些省錢道具創造出乾淨俐落的居家空間，大家不妨也試試看。

除了百元商店外，再多花一點點錢的三百元商店，例如：3 COINS、CouCou、THREEPPY等，可以找到品質更上一層樓和精緻有特色的商品，他們的包包、髮飾、耳環、襪子及生活雜貨都是我會去關注的重點。當大家來日本百元商店採購時，就可以依照上面各大品牌的特色尋寶，相信他們不同的風格和創意會滿足各位不同的需求。

「Standard Products」＆首次進駐銀座！
百元商店的進化！DAISO 新型態優質品牌

しぶやく 澀谷區
SHIBUYA-KU

しぶや 澀谷町
SHIBUYA

ちゅうおうく 中央區
CHŪO-KU

ぎんざ 銀座
GINZA

這篇文章是上一篇百元商店介紹的續集，在這幾年疫情的影響下，當大家無法來日本旅遊時，百元商店卻在默默進化中，無論是在質和量上都有很大的變化。尤其是DAISO推出了品質再升級的高級品牌「Standard Products」，甚至還進駐高級地段銀座，以上都是台灣民眾尚未親眼目睹的變化，趕快來做好功課，為下次的東京之旅大採購做準備吧！

❀ DAISO 新型態優質品牌「Standard Products」

DAISO新型態優質品牌「Standard Products」的一號店，在2021年3月於澀谷車站的MARK CITY閃亮登場！其實DAISO早已開發了提升品質的品牌「THREEPPY」和「CouCou」，專賣300元商品。接著為了不局限於單一價格限制而犧牲掉高品質的追求，DAISO更推出了以品質為優先考量，同時兼具時尚與實用的品牌，專以生活雜貨為中心，就是新開幕的「Standard Products by DAISO（スタンダードプロダクツ バイ ダイソー）」，簡稱為「Standard Products」。

「Standard Products」的商品價格有100元、300元、500元、700元、1000元等或以上，非常廣泛，他們期望把自己與原本的百元商店和女性商品居多的三百元商店區分開來，是一個各年齡層都適合的居家生活雜貨店。結果很多人在探訪過後，都和我有同樣的感想，那就是：「Standard Products」好像有無印良品的影子在裡面，百元商店大哥大DAISO有意無意地染上了無印良品的顏色。

走進「Standard Products」的店鋪，馬上就會被來自新潟縣的知名金屬餐具吸引目光，日本有90%的西式餐具都來自新潟縣燕市。看到那款「鏡面湯匙組」各種大小都有，讓人想一套全部都帶回家，還有一組湯匙與叉子只要300日幣（未稅），價格非常實在。最重要的是這些餐具用起來感覺真好，這就是「Standard Products」的宗旨。接著看到採用有機棉花製成的毛巾，兩條一組只要300日幣（未稅），價格與品質兼具，頗受歡迎。

這裡的食器與餐具經常受到各大媒體的報導，跳脫百元商品的小格局樣貌，給人一種全新的高格調及多功能的感受，無論在外觀形狀與顏色的設計

上都展現出滿滿的時尚感，端上餐桌絕對不會比高級餐廳遜色。除了瓷器碗盤外，近年來流行的木製食器也大量出現在店鋪裡，樸實天然的美好一直是木製品最吸引人的地方，「Standard Products」的木製餐具更是強調厚實溫潤的觸感與多樣化的外觀。

　　各種完備的玻璃製品和充滿時尚風味的收納用具也是重點，其中我特別喜歡一種玻璃材質的收納罐，還精心挑選木頭材質的蓋子與之匹配，將整個生活質感都往上拉了幾個層次。此外，木製的衣架及各種香氣的薰香都是增添生活品質的好幫手，還有露營用的道具、戶外炊飯神器等，也可以在這裡買到，非常適合喜歡尋找生活樂趣與追求居家品質的人前往尋寶。

　　在「Standard Products」隔壁是澀谷最大的百元商店DAISO，裡面的日本古早味懷舊零食區非常吸引人，大人小孩都愛。逛完了「Standard Products」可以來這裡繼續尋寶，同時將高品質時尚雜貨與低價位百元商品一次買齊，絕對可以滿足我們各方面的購物慾。

INFORMATION

Standard Products
地 東京都澀谷區道玄坂1-12-1 澀谷 MARK CITY 1F
時 09：30 ～ 21：00
網 standardproducts.jp

🌸 百元商店 DAISO 首次進駐銀座

　　2022年4月百元商店DAISO終於進駐高級地段銀座，為了迎合銀座高雅奢華的風格，DAISO也提升了自己的格調。在保有原來的百元商店模式外，還將旗下的三百元商店「THREEPPY」，和2021年才在澀谷隆重登場的高級DAISO新品牌「Standard Products」，三個合在一起，讓銀座的消費者有更多選擇。因此如果在這裡的DAISO遇到了來自愛媛的今治毛巾、新潟燕市的職人餐具、歧阜關市的菜刀、職人製作的精緻文具和露營用的專業道具等，請不要懷疑，這就是銀座DAISO的魅力，連三百元商店「THREEPPY」都變得更夢幻華麗了。

　　首次進駐銀座的DAISO位於以前春天百貨的六樓，而下面的層樓幾乎都是UNIQLO的賣場，地下二樓還有美食廣場可以解饞。而且六樓的DAISO除了原本百元商店DAISO本身外，旗下偏女孩甜美夢幻風的三百元商店「THREEPPY」，以及高級大創新品牌「Standard Products」，各占一個空間聯合登場。每一個空間各有不同的需求走向與風格，無論是尋求高級感、甜美風或是便宜低價位，通通可以在這裡滿足需求。

　　為了迎接銀座旗艦店的開幕，特地網羅了愛媛縣的名物今治毛巾前來助陣，讓「Standard Products」的日本各地國產名品更精彩。此外，在新宿店開幕時已經展露頭角的歧阜關市刀具，依然秉持著高品質低價位的魅力席捲銀座店。三把不同用途的刀具，水果刀、菜刀和麵包刀都以一把千元日幣的超低價吸引大家的目光，雖然規定每個人最多只能買兩把，但其中水果刀還是經常處於完賣的狀態。

　　與東京葛飾老舖文具「北星鉛筆」一起開發的國產鉛筆「CRAFTSMAN PENCIL（クラフトマンペンシル）」，從6B到4H，12種粗細軟硬度不同的職人鉛筆也是這一次的新產品。加上之前已推出的日本國產職人筆記本，讓文具控的朋友們愛不釋手，無論單買或組合在一起入手都非常有吸引力。還有職人皮革系列商品、質感與設計感兼具的收納利器、各種香氣的薰香、露營道具等，都是吸睛度十足的商品。

　　隸屬於大創旗下的三百元商店「THREEPPY」為了配合銀座旗艦店的登場，也以全新的面貌擄獲許多少女心，以「大人可愛雜貨」為主題，夢幻

華麗度升級不少。其中有八成商品都是300日幣，剩下的兩成商品從150到1500日幣不等，粉嫩少女風的購物空間和其他兩個區域完全不同，讓走進來的消費者驚喜連連。

在走可愛少女風的路線下也不乏高級感滿滿的美濃燒餐具讓人眼睛一亮，適合盛裝各種料理的碗盤杯具也讓人愛不釋手，令人想通通把它們帶回家去。居家內衣、包包、環保購物袋、飾品、生活雜貨等應有盡有，在強調個性化設計感的同時也兼具實用性，難怪店裡可以看到各年齡層的消費者。

採用世界三大棉花之一埃及棉製成的毛巾、可愛粉嫩顏色的便當用具與保冷袋、適合一個人居住時使用的電烤盤及章魚燒器具等，還有更多有趣的商品等大家親自來發掘。

INFORMATION

DAISO マロニエゲート銀座店

🏠 東京都中央區銀座3-2-1 マロニエゲート銀座2 6F

🕐 11：00 ～ 21：00

🌐 www.daiso-sangyo.co.jp

Epilogue

日本的百元商品便利、實用、多樣化又有創意，不時還有新商品出現，現在又有進化級的品牌登場，因此每隔一陣子我就會去這些商店補貨和尋寶。下次來日本旅行時，別忘了也將以上介紹的好地方列入購物行程中吧！

新型態秤重販售方式擴大登場！
「無印良品 東京有明」誕生！
・關東最大級

關東最大級的「無印良品（MUJI）」於2020年12月在靠近台場的「有明GARDEN」購物中心誕生了，以後大家到台場遊玩或「豐洲市場」享用海鮮美食時，附近又多了一個地方可以盡情逛街購物。這個號稱是關東最大級的「無印良品」和一般的店鋪非常不一樣，多了很多特別的看點，從蔬果、烘焙、咖啡、手沖茶、秤重販售、文具、雜貨、住宅設計等全部囊括。現在就請跟著本篇文章來探訪這個占地1400坪的超大無印良品，看看有什麼特別的地方？

「無印良品 東京有明」和「有明GARDEN」購物中心結合在一起，形成了一個非常寬闊豐富的商業區，原本「有明GARDEN」裡面就有200多間店鋪，可說是東京灣岸區域最

大的購物中心。這裡最引人注目的就是「無印良品 東京有明」，因此來一趟「有明GARDEN」除了可以將目前日本的人氣品牌與流行美食等需求一次滿足外，還可以見識到無印良品更廣大深入的全貌與經營手法，主張從生活各方面全方位支援消費者，喜歡無印良品的朋友一定不能錯過！

當我們逛了一整棟有三層樓的「無印良品 東京有明」後，印象最深刻的就是他們位於一樓的秤重販售區域。雖然銀座店已有餅乾糖果的計重販售，但這裡更進一步擴大販售的種類，有乾糧、咖啡、乾燥水果、穀物、麥片、義大利麵等，而且自成一區。進入後，首先拿好紙袋盛裝欲購入的物品，從各商品最低限度的重量開始計量，秤重完畢後，再自行輸入商品號碼，就會得到一張標價貼紙，貼上後再一起結帳即可。

當天我購買了20克的蔓越莓、26克的綜合水果乾和100克的綜合餅乾，這樣根本不用擔心吃不完或食物過期問題，這種可以少量購入的秤重計價方式，讓人能享用更多種類的商品。相信這些秤重販售的零食，加上無印良品本來多樣化的商品，會是以後大家來日本旅遊時的伴手禮新選擇。

近來無印良品花了很多心思在增加各式各樣的美食產品上，一進到無印良品的食物區，就會發現一整排的咖哩便利包、飲料包、濃湯包、義大利麵拌醬包、簡易料理包、各種零食等琳瑯滿目。以下馬上來介紹幾樣人氣商品，大家來無印良品採購時，找這些產品就對了。

首先是他們的人氣草莓巧克力球，據說是無印良品的必買零食，最早的口味是白色巧克力草莓球、最吸引人的是草莓抹茶巧克力口味。採用京都產抹茶製成的抹茶巧克力，裡面包著一顆乾燥草莓，酸酸甜甜的草莓與濃郁抹茶巧克力的結合，居然是如此絕妙地相配。甜中帶點苦澀的抹茶被草莓的酸甜滋味平衡，將整個風味點綴得更豐富、更有層次變化。後來又多了黑色巧克力和兩種草莓的綜合口味，多買幾包，自用送禮兩相宜。

接著是「不揃いシリーズ（無選別系列）」的甜點非常豐富，所謂的無選別是指在形狀上略有差異，也就是參差不齊的意思，但不會影響到產品本身的品質與口味，每一包約150日幣（含稅），可說是無印良品的特色人氣商品。其中光是年輪蛋糕就有十多種口味，而且還不斷地更新中。吃過他們的印度奶茶、抹茶、紫芋、香蕉巧克力和香橙巧克力口味都各具特色，尤其在年輪蛋糕上淋上一層巧克力的系列更多了一層奢華感。個人最喜歡香橙巧克力口味，帶著橘子清香的年輪蛋糕頗為清爽，加上相合性極高的巧克力，果然是一大絕配，吃進嘴裡有滿滿的高級感。「無印良品 東京有明」裡還可以看到有明店鋪限定的一整圈大型年輪蛋糕，一個才999日幣（含稅）。

除了年輪蛋糕外，「不揃いシリーズ」甜點裡還有英國司康、甜甜圈、磅蛋糕、水果蛋糕、格子鬆餅等，每一個都做成長條狀，讓人方便食用。因此多買幾個放在家裡和辦公室中，搭配一杯咖啡或紅茶，會是下午茶中的一大亮點，而且滋味還有一定的水準。

另外無印良品的食物便利包也非常精彩，整排的咖哩便利包，各種口味任你挑選，印度、泰式和日式咖哩選擇多樣化，甚至還有咖哩拉麵的泡麵杯和印度南餅的製作麵粉，網路上的風評都還不錯。目前人氣NO.1的是印度奶

油雞肉咖哩，屬於印度咖哩中的定番口味，濃郁的奶油芳香讓整個咖哩更柔和順口，最後帶點辣味的後勁又令人印象更深刻，除了印度南餅外，它與白飯和烤吐司都很相配。

在一排排的料理包裡居然發現台灣滷肉，二話不說馬上帶回家解鄉愁，最新版本的滷肉風味一點也不馬虎。另外也有便利的小尺寸食物包，屬於分量較少的輕食料理，加入熱水拌勻就可以成為肚子微餓時的救星，越式粉條、義式燉飯、日式雜炊等口味都算道地。

位於一樓出入口的地方可以看到販賣新鮮蔬果的區域，東京都產的橙橘大白菜超級大顆、京都產的聖護院大蘿蔔、大分縣產的溫泉紅椒、青森縣產的蘋果，以及日本各地各式各樣的農產品，都能以親民的價格支援大家的日常料理。

食物區隔壁竟然是我第一次看到的無印良品麵包烘焙坊，進去時正趕上剛出爐的可頌麵包，還有被人氣電視節目介紹過的咖哩麵包。每個麵包都各別被包裝起來，展示在窗明几淨的麵包坊裡，整個空間非常清爽，有著濃厚的無印良品風味。旁邊靠落地窗的飲食區舒適明亮，讓人想買幾個麵包坐下來好好品嘗一番。

　　一樓還有一個空間寬敞的無印良品咖啡廳，吃得到自由選擇料理內容組合的健康定食。帶點甜味的醬汁炸雞塊是他們的定番人氣主菜，豆腐蓮藕雞肉漢堡排清爽順口、日式馬鈴薯沙拉美味可口、難得的雞肝料理是意外最下飯的絕妙口味。再來選擇想搭配的白飯或是各種日式炊飯，無論是哪一種都可免費續碗，清淡爽口的味噌湯也可續碗，絕對讓人吃得滿足又飽足。

　　經過麵包坊再往前走，會看到一個現榨果汁吧與一個秤重販售的茶葉調配工房，雖然銀座店鋪也有設置，但這裡多了一個現場沖泡的吧檯，當場可以享用任何自己有興趣的茶葉與專業調配手法。我逛到這裡已經在心裡讚嘆「無印良品 東京有明」嶄新的經營方式，它將建構在無印良品簡約風格之上的視野呈現出更寬廣多元的角度！順便一提的是，無印良品有明店裡也提供洗衣精、洗碗精及廚房廁所等各式清潔劑的秤重販售服務，用完了拿空瓶來購入即可，既便利又兼顧環保。

來到了二樓，除了可以看到許多有關日常生活的各式雜貨外，最讓人興致勃勃的應該就是一個個生動的住宅展示區與室內設計。有動線分明的廚房及餐飲區、也有溫馨舒適的客廳區、還有看了令人想直接躺上去的臥室區，甚至有讓人羨慕的居家工作區及書房等。

另外在一個以家為主體的模擬展示空間裡，可以看到無印良品完整的室內設計理念，我帶著一顆好奇心進去參觀，馬上感受到濃厚的無印簡約風格。清爽舒適、動線分明，「Less is More」是他們設計的重點，身處其中宛如沐浴在清風明月下清新淡雅。其實簡簡單單是最美好的，無印良品將「過生活」的純粹與平淡中的幸福感發揮得淋漓盡致。

到了三樓，可以看到各種生活日常用品、小型傢俱電器、服飾雜貨、文具化妝品等販賣區域，他們一貫簡約中不失時尚的日式風格，深深吸引世界各地的愛好者。這種簡約俐落兼具時尚氣息的路線，主要是期望提供顧客一個在日常生活中長久使用也不會膩的持久特性，相信MUJI的愛好者在這個樓層會逛得很開心。

逛完關東最大級的無印良品後，如果想換個地方休息，可以考慮來到「有明GARDEN」五樓的美食區，這裡有各種美食與甜點，竟然還有台灣來的「鮮芋仙」，讓身在異鄉的我可以解解鄉愁。室外有一個空間寬闊的露天戲水與座位區，買幾份美食和飲料來這裡享受一個下午的陽光也不錯。

占地1400坪、分三層樓的關東最大級無印良品與「有明GARDEN」結合在一起，創造了一個全新多樣的新形態購物中心，下次來東京旅遊時，別忘了到這裡體會一下「無印良品 東京有明」的理念與購物樂趣。

INFORMATION

無印良品 東京有明

🏠 東京都江東區有明2-1-7 有明ガーデン モール＆スパ 1-3F

🕙 10：00 ～ 20：00（假日10：00 ～ 21：00）

🌐 shop.muji.com/jp/tokyo-ariake

　　日式燒肉和串燒居酒屋是日本人最喜歡喝酒聚會的地方，也是台灣民眾喜愛的
日本料理，來日本旅遊的朋友們大多數也會安排到燒肉餐廳或居酒屋飽餐一頓。但
是菜單很多是看不懂的片假名和平假名，就算有幾個漢字也不能幫助我們了解多少。

CHAPTER 04

日文菜單教你看懂
大家最頭痛的

沒關係！這篇文章將告訴大家如何看懂日式燒肉和串燒菜單，哪些是人氣必吃菜色，還有各種不同部位的介紹。想在這些餐廳裡點對自己喜歡的菜，更安心愉快地享用一頓幸福的美食時光，請看這一個篇章就可以掌握大致的方向了！

在日本燒肉餐廳如何看菜單？
有什麼必點菜色？點對自己喜歡的東西
才能吃得更盡興！

首先來看看不同部位牛肉的名稱在日本如何稱呼，基本上一頭牛可分成幾個主要的部位，不同部位的牛肉肉質和口感都很不一樣。先從頭部開始說起，這裡最受歡迎的就是牛舌（牛タン，發音：gyutan），雖然牛舌還可以依照部位細分為舌尖（タン先，發音：tansaki）、舌中（タンナカ，發音：tannaka）和舌根（タンモト，發音：tanmoto），或是依照吃法再細分為上等鹽味牛舌（上タン塩，發音：joutanshio）、厚切牛舌（厚切り牛タン，發音：atsugiri gyutan）、涮牛舌（タンシャブ，發音：tanshabu）、蔥花鹽牛舌（ネギ塩タン，發音：negishiotan）等，建議喜歡牛舌的朋友們都可以點來吃吃看，相信你會喜歡各種不同的口感與吃法。

其中涮牛舌因為切得非常細薄，所以適合在火上稍微烤一下就好，很像在火鍋涮牛肉一樣，避免烤過熟。此外，厚切牛舌和蔥花鹽牛舌頗具人氣，大家對牛舌最愛的地方應該就是其特殊的咬勁，厚切牛舌更將此特色展現得更淋漓盡致。基本上牛舌沾檸檬汁的吃法最普遍，但如果店裡有提供蔥花鹽的吃法，請一定要試試看，一吃就會上癮。頭部還有一地方要介紹的是臉頰肉（ツラミ，發音：tsurami），算是稀有部位，適當的油脂及頗具咬勁的口感也有不少人會點來享用。

接著要介紹的是肩胛肉（カタ，發音：kata）、肩胛里肌（カタロース，發音：kataro-su）和背部上方的里肌肉（ロース，發音：ro-su）又叫做鞍下（クラシタ，發音：kurashita），就是放馬鞍的地方。這些部位的肉油脂較少，色澤偏紅，又被統稱為「赤身」。不太喜歡油膩膩的油花或怕吃了對胃有負擔的朋友們，可以點這一類的里肌肉來吃，其中上等里肌肉油脂分布均勻，口感滑嫩，與帶點甜味的烤肉醬結合在一起，非常順口，也是燒肉店裡的必點菜單。

　　日式燒肉店的另一個主角就是**牛五花肉**（牛カルビ，發音：gyukarubi），在日文中カルビ的意思是肋骨，所以燒肉店指的カルビ大多是用肋骨附近的肉來做成的燒肉食材。牛五花肉也是依照品質有分「カルビ，發音：karubi」、「上カルビ，發音：joukarubi」、「極上カルビ，發音：gokujoukarubi」等，通常具有豐富的油脂，用火燒烤後香氣十足，再沾上香甜的烤肉醬，搭配白飯非常對味，一口接著一口，能吃下好幾碗白飯。

1 牛五花肉；**2** 米澤牛牛五花；**3** 壺醃牛五花。

部位。

　　其中要特別介紹的是牛肋條（ゲタカルビ，發音：getakarubi；又可稱為中落ち，發音：nakaochi），屬於肋骨與肋骨之間的肉，切下來的形狀有點像木屐，所以又稱為「木屐五花」（ゲタカルビ，發音：getakarubi）。而**壺醃牛五花**（壺漬けカルビ，發音：tsubozukekarubi）是將牛五花放進一個壺罐裡面，再用自家特製的醬料醃漬起來，通常口味比較濃厚入味，吃起來很過癮。再來帶骨牛五花（骨付きカルビ，發音：honetsukikarubi）是一道很霸氣的肉品，一整片連骨一起燒烤，烤得香噴噴時，再用剪刀剪開來，一登場經常會引起一陣歡呼聲。

　　還有一道外橫膈膜肉（ハラミ，發音：harami）也是消費者經常會點的肉類，在橫膈膜靠近背部的地方，肉的油脂適度、口感柔軟、帶著微微的甜味，是它最受歡迎的特色。如果覺得一般的里肌肉（ロース）有點乾澀，普通的牛五花肉（カルビ）有些油膩，可以嘗試點這道外橫膈膜肉（ハラミ），或許就會覺得剛剛好。

如果想吃華麗一點的烤肉，可以選擇菲力（ヒレ，發音：hire），有些店家為了凸顯自己高品質的肉質，會以一整塊菲力牛排上場。當我們將牛排的四面烤得差不多時，再請師傅幫我們切片，三分到五分的熟度最好吃，更能展現出其柔軟滑嫩的口感。

　　另外還有幾個比較稀有且高品質的部位，如果大家在燒肉店有看到這幾個名稱，也可以點來品嘗一番，例如：嫩肩里肌肉（ミスジ，發音：misuji）是肩胛骨內側的肉，被視為一種夢幻稀有肉質，油花雖不多，但吃起來清爽又濃郁。夏多布里昂（シャトーブリアン，發音：sha-toburian）是高級的菲力，當初受到一位法國知名文學家兼政客的喜愛，因此以他的名字來暱稱。夏多布里昂也是油脂不多，但吃起來卻柔軟鮮嫩、高貴上品，有難得的貴客在場時，點這一道準沒錯。臀肉蓋（イチボ，發音：ichibo）屬於臀部上方的肉，精實的肉質和細膩的油花分布，是許多饕客喜愛的地方，如果喜歡再嫩一點的口感，可以選擇背部後段的沙朗（サーロイン，發音：sa-roin），美麗的油花非常吸引人。還有肋眼牛排（リブロース，發音：riburo-su）是肋骨上方的肉，口感極其鮮嫩，它的霜降油花常被大家所津津樂道。

　　燒肉店顧名思義是將肉類燒烤來吃，但也有生吃的菜單選擇，例如：最近流行的和牛握壽司（發音：wagyunigirizushi），直接將新鮮高級部位的生和牛肉做成壽司，再用噴火槍稍微燒烤一下，就可以吃到原汁原味的和牛味。另外一道經典定番的生牛肉（ユッケ，發音：yukke），是用韓式特製的香油醃漬而成，若要嘗試這些生肉的朋友們，一定要選擇品質有保障的商家。

　　雖然日式燒肉是以牛肉為主角，但其他的肉類如海鮮、豬肉和雞肉等，也可以在菜單上找得到。在這裡要特別介紹一下松阪豬（トントロ，發音：tontoro），是豬頸部的地方，烤完後再沾上檸檬汁，口感清爽滑嫩卻又肉汁四溢，吃完口齒留香。還有豬三層肉（サムギョプサル，發音：samgyopusal）雖然比較油膩，但烤得酥酥脆脆的口感也很受歡迎。另外內臟部分也有很多選擇，其中牛的第一胃（ミノ，發音：mino）、牛百葉又稱牛重瓣胃，也就是第三胃（センマイ，發音：senmai）、肝臟（レバー，發

音：reba-）、大腸類（ホルモン，發音：horumon）、心臟（ハツ，發音：hatsu）、牛心管（ハツモト，發音：hatsumoto）、蜂巢肚（ハチノス，發音：hachinosu）等都很有可能會出現在日式燒肉的菜單上。

其他的各式小菜和飯麵類的結尾菜單也非常豐富，日本人通常在吃完燒肉後，會點一些飯或麵類來當結尾，介紹幾樣我們家常點的單品，列在下方供大家參考。

韓式泡菜（キムチ，發音：kimuchi）

韓式涼拌菜（ナムル，發音：namuru）

包肉的生菜（サンチュ，發音：sanchu）

韓式沙拉（チョレギサラダ，發音：choregisarada）

韓式拌飯（ビビンバ，發音：bibinba）

石鍋拌飯（石焼ビビンバ，發音：ishiyakibibinnba）

牛肉湯泡飯（クッパ，發音：kuppa）

辣牛肉湯飯（ユッケジャンクッパ，發音：yukkejankuppa）

辣拌冷麵（ビビン麺，發音：bibinmen）

冷麵（レイメン，發音：reimen）

韓國煎餅（チヂミ，發音：chijimi）

炒年糕（トッポギ，發音：toppogi）

牛雜燉湯（コムタン，發音：komutan）

人蔘雞湯（サムゲタン，發音：samugetan）

辣豆腐湯鍋（スンドゥブチゲ，發音：sundubuchige）

最後為了方便大家查看，羅列了上述提到的燒肉清單的中日文對照。

牛舌（牛タン，發音：gyutan）

舌尖（タン先，發音：tansaki）

舌中（タンナカ　発音：tannaka）

舌根（タンモト，發音：tanmoto）

上等鹽味牛舌（上タン塩，發音：joutanshio）

厚切牛舌（厚切り牛タン，發音：atsugiri gyutan）

涮牛舌（タンシャブ，發音：tanshabu）

蔥花鹽牛舌（ネギ塩タン，發音：negishiotan）

肩胛肉（カタ，發音：kata）

肩胛里肌（カタロース，發音：kataro-su）

里肌肉（ロース，發音：ro-su）

鞍下（クラシタ，發音：kurashita）

牛五花肉、木屐五花（牛カルビ，發音：gyukarubi）

五花肉（カルビ，發音：karubi）

高級五花肉（上カルビ，發音：joukarubi）

最高級五花肉（極上カルビ，發音：gokujoukarubi）

牛肋條（ゲタカルビ，發音：getakarubi；中落ち，發音：nakaochi）

壺醃牛五花（壺漬けカルビ，發音：tsubozukekarubi）

帶骨牛五花（骨付きカルビ，發音：honetsukikarubi）

外橫膈膜肉（ハラミ，發音：harami）

菲力（ヒレ，發音：hire）

夏多布里昂（シャトーブリアン，發音：sha-toburian）

嫩肩里肌肉（ミスジ，發音：misuji）

臀肉蓋（イチボ，發音：ichibo）

沙朗（サーロイン，發音：sa-roin）

肋眼牛排（リブロース，發音：riburo-su）

和牛握壽司（發音：wagyunigirizushi）

生牛肉（ユッケ，發音：yukke）

松阪豬（トントロ，發音：tontoro）

豬三層肉（サムギョプサル，發音：samgyopusal）

牛的第一胃（ミノ，發音：mino）

牛百葉（センマイ，發音：senmai）

肝臟（レバー，發音：reba-）

大腸類（ホルモン，發音：horumon）

心臟（ハツ，發音：hatsu）

牛心管（ハツモト，發音：hatsumoto）

蜂巢肚（ハチノス，發音：hachinosu）

看完以上的介紹，是不是知道自己該點什麼菜色了呢？祝大家有個愉快的燒肉時光！

看懂菜單更能享受日本道地串燒美食的樂趣！日本やきとり（串燒）菜單介紹！

日本美食串燒（やきとり，發音：yakitori）是我來到日本後愛上的日式料理之一，大部分以雞肉為主要食材，但其他肉類也包含在內。串燒可說是居酒屋裡頗受歡迎的下酒菜，也是日本民眾喜愛的國民美食，舉凡各種祭典廟會的攤販、百貨公司的美食街、超市熟食區和一般家庭料理等，都會看到它的蹤跡，當然也有專門提供串燒料理的餐廳。來日本旅遊的朋友們，若要享用道地的串燒美食，先來看一下主要的菜單有哪些，這樣更能享有大啖串燒（やきとり）的樂趣。

首先介紹一個大人小孩都喜歡的部位，就是雞腿肉，如果不想冒險點到自己不喜歡的菜，那麼點這一道準沒錯：雞腿肉串燒（もも，發音：momo），吃起來鮮嫩多汁，搭配一杯啤酒或沙瓦水果氣泡酒都很適合，有些店鋪還會推出人氣話題的地方名雞，例如：愛知縣的名古屋雞（コーチン，發音：co-chin）、秋田縣的比內地雞（ひないじどり，發音：hinaijidori）、茨城縣的軍雞（しゃも，發音：shamo）等，如果看到的話千萬不要錯過享用這些知名地雞的機會。

在雞腿肉串中交叉串入日本甜美的蔥白，也是一個值得大力推薦的串燒菜單，日文叫做（ねぎま，發音：negima），關西說法為

（ももねぎ，發音：momonegi）。它吃起來多幾分清爽口感，而且日本的蔥白又大又甜美多汁，連平常不太喜歡吃蔥的人，也可能會愛上這個滋味。基本上串燒有醬汁（たれ，發音：ta-re）和鹽味（しお，發音：si-o）燒烤兩種選擇，看個人是喜歡偏甜還是偏鹹的口味，或是擔心一種調味會吃膩的話，可以輪流交替點來吃。

再來要推薦的是串燒中的人氣主角，也是個人非常喜歡的燒烤雞翅，簡單的鹽味燒烤方式就很美味。日文叫做雞手羽（とりてば，發音：toriteba），關西地區會叫做（いかだ，發音：ikada）。或是分部位稱呼：翅膀靠近身體的部分是（手羽元，發音：tebamoto）；翅膀前端的部位則是（手羽先，發音：tebasaki）。雞翅膀燒烤得香噴噴的，雞皮的油脂和柔軟的肉質結合在一起真是絕配，讓人每次都想把骨頭啃得乾乾淨淨，也會不自覺把沾在手上的鹽味和油脂舔光。

如果喜歡具有咬勁及特殊口感的人則可以試試看砂肝串（雞胗）（すなぎも，發音：sunagimo）和軟骨串（なんこつ，發音：nankotsu），基本上這兩種串燒也是鹽味燒烤居多。砂肝串（雞胗）大家喜歡的是吃起來脆脆的與咬勁十足的口感，在燒烤的過程中灑上一點鹽即美味無比。軟骨串是雞肉膝蓋關節帶軟骨的地方，精細的瘦肉和柔軟的骨頭交織出層次分明的口感，軟骨在嘴裡的特殊咬勁會讓人上癮。

接下來的這幾個部位就要看個人喜好了，雞肝串燒（レバー，發音：reba-）燒烤完再沾上帶點甜味的串燒醬汁，是提升美味度的關鍵。雞皮串（かわ，發音：kawa）烤過後的油脂散發出一股迷人的風味，通常也有鹽味和醬汁兩種選擇，我們家偶爾會在家裡自己做，將雞腿肉上面的雞皮取下後切成長條狀，再捲起來串燒即可。另外還有一個特別的部位，雖然有人說吃起來有一股怪味，但喜歡的人還是會點來享用，就是雞屁股，日文叫做（ぼんじり，發音：bonjiri），有興趣的朋友不妨試試看。

介紹一個我自己特別喜歡的部位，雞心串燒（はつ，發音：hatsu）在這裡通常會處理清洗乾淨後，從中間對切一半，再串起來燒烤，灑上一點鹽或

串燒組合。

沾醬汁燒烤都不錯，因為處理得很乾淨，所以幾乎不必擔心有腥臭味，本來對雞心沒什麼興趣的我，吃過幾次後竟也愛上了這個滋味。

　　本頁右上角的照片上是我們在餐廳裡能點的**串燒組合**，從左邊開始是雞屁股（ぼんじり，發音：bonjiri）、雞腿肉（もも，發音：momo）、雞肝串燒（レバー，發音：reba-）、雞皮串（かわ，發音：kawa）和絞肉丸串燒（つくね，發音：tsukune）。有的絞肉丸是一顆一顆圓球狀的，有的則是做成長條狀，有時還會跟生蛋黃一起登場，沾著生蛋黃吃則多一些柔潤溫和的風味。大多數居酒屋會提供這種串燒組合，一口氣可以享用不同的部位，如果發現自己比較喜歡其中的某個部位時，之後就可以單點專攻享用。

　　另外雞胸肉（むね，發音：mune）、雞柳條（ささみ，發音：sasami）、雞脖子肉（せせり，發音：seseri）等是屬於脂肪較少肉質紮實的地方，不喜

歡太油膩的朋友們可以點這幾樣來品嘗。有些店面還會提供不同的醬料或料理花樣，例如：在雞胸肉串燒上加義大利式番茄醬料或起司、在雞柳條串燒上放一點柚子胡椒醬等，每家店的特色都不太一樣。

其實除了串燒外，居酒屋或串燒專賣店裡多少都會提供人人喜愛的炸雞塊唐揚げ（からあげ，發音：karaage），幸運的話還會有不同口味的選擇，例如：鹽味、柚子胡椒或醬油味等，有些地方甚至有炸軟骨（なんこつの唐揚げ，發音：nankotsu karaage），軟骨炸起來香氣十足，口感非常特別，也是下酒的美味料理。

除了雞肉外，豬肉、牛肉甚至羊肉也是不錯的串燒食材，其中最常看到的是豬側臉的肌肉部分（カシラ，發音：kasira），我自己非常喜歡，是一個油脂適中、柔軟度剛剛好且頗具彈性的肉質，鹽味是最棒的調味方式。再來牛舌串（牛タン，發音：gyutan）、豬舌串（豚タン，發音：tontan）、牛五花串（カルビ，發音：gyukarubi）、豬五花肉（豚カルビ，發音：butakarubi）、牛排串（ステーキ，發音：steak）、外橫膈膜肉串（ハラミ，發音：harami）、松阪豬（トントロ，發音：tontoro）、豬三層肉串（サムギョプサル，發音：samgyopusal）等，各式肉串將串燒的世界點綴得更豐富精彩（這些肉類都在上一篇文章裡有介紹過）。

最後幫大家做個菜單總匯整，以後在居酒屋或串燒餐廳點菜就能比較有概念。

串燒（やきとり，發音：yakitori）
愛知縣的名古屋雞（コーチン，發音：co-chin）
秋田縣的比內地雞（ひないじどり，發音：hinaijidori）
茨城的軍雞（しゃも，發音：shamo）
雞腿肉串燒（もも，發音：momo）
雞蔥串（ももねぎ，發音：momonegi；ねぎま，發音：negima）

醬汁（たれ，發音：ta-re）

鹽味（しお，發音：si-o）

雞翅膀（とりてば，發音：toriteba；いかだ，發音：ikada）

翅膀靠近身體的部分是（手羽元，發音：tebamoto）

翅膀前端的部位則是（手羽先，發音：tebasaki）

砂肝串（雞胗）（すなぎも，發音：sunagimo）

軟骨串（なんこつ，發音：nankotsu）

雞肝串燒（レバー，發音：reba-）

雞皮串（かわ，發音：kawa）

雞屁股（ぼんじり，發音：bonjiri）

雞絞肉丸串燒（つくね，發音：tsukune）

雞心串燒（はつ，發音：hatsu）

炸雞塊唐揚げ（からあげ，發音：karaage）

炸軟骨（なんこつの唐揚げ，發音：nankotsu karaage）

雞胸肉（むね，發音：mune）

雞柳條（ささみ，發音：sasami）

雞脖子肉（せせり，發音：seseri）

豬側臉的肌肉部分（カシラ，發音：kasira）

牛舌串（牛タン，發音：gyutan）

豬舌串（豚タン，發音：tontan）

牛五花串（牛カルビ，發音：gyukarubi）

豬五花肉（豚カルビ，發音：butakarubi）

牛排串（ステーキ，發音：steak）

外橫膈膜肉串（ハラミ，發音：harami）

松阪豬（トントロ，發音：tontoro）

豬三層肉串（サムギョプサル，發音：samgyopusal）

　　這是一個分享我們家推薦與私房餐廳的篇章，雖然上面的篇章當中已出現很多我們喜愛的餐廳介紹，但還有一些「漏網之魚」就補在這個篇章裡。從東京這麼多美味的各類餐廳中，特別挑選出大塚家這幾年一去再去吃不膩的，或是背後有著難忘故事與特殊意義的餐廳。有我們全家在特別的紀念日裡會去慶祝的地方、也有個人偏好的餐廳如大塚先生囑咐我千萬別抖出來的地方、還有大塚婆婆從年輕吃到現在依然是最愛的私房餐廳，更有大塚太太個人非常鍾愛的口袋名單。希望這一篇可以

CHAPTER 05

私房餐廳
大塚家的推薦 &

提供熱愛美食的旅人們一個在地人的選擇，有些餐廳甚至幾乎只有當地人的蹤影，
在這樣的地方用餐更可以融入東京人的生活，當我們吃著和當地人日常生活中一樣
的東西時，也會跟他們有相近的情感與感受。我始終認為用味道來記住一個地方是
最直接的，而且往往以後當我們回想起這個地方時，當地美食的牽引會把許多收藏
起來的記憶呼喚出來。

人形町。

排隊燒鳥名店「おが和」！
「柳屋」&內餡超多的銅鑼燒老鋪「清壽軒」&
尋訪人形町老鋪的滋味！被譽為鯛魚燒御三家

ちゅうおうく 中央區
CHŪO-KU

にほんばしにんぎょうちょう 日本橋人形町
NIHOMBASHI-
NINGYŌCHŌ

位於充滿江戶下町風情與人氣美食集結的人形町中，不乏許多歷史悠久的美味老鋪，其中還有所謂的百年老店。相信很多台灣朋友們在東京旅遊時，也喜歡到人形町探訪，一邊散步一邊尋訪這些老鋪的滋味，就是最大的樂趣。這篇文章要介紹三間人氣美味老店，包含：被譽為鯛魚燒御三家「柳屋」、絕品銅鑼燒老鋪「清壽軒」和排隊燒鳥名店「おが和」。連台灣基隆的甜點老店「連珍」也登陸日本了，他們選擇的第一號店所在位置就是具有眾多老鋪背景的**人形町**，而且它的對面還是那間超級知名的鯛魚燒百年老店！

❀ 被譽為鯛魚燒御三家的「柳屋」

在人形町的人氣街道「甘酒橫丁」上，有一間傳說中被譽為鯛魚燒御三家的「柳

屋」，鯛魚燒可說是日本頗具傳統的國民美食之一，是從小吃到大、永遠吃不膩的懷舊代表甜點。在許多人氣鯛魚燒店鋪中，號稱東京三大絕品鯛魚燒的麻布十番「浪花屋」、人形町「柳屋」和四谷「わかば」，就是所謂鯛魚燒中的御三家。

1916年創業至今已超過100年的鯛魚燒老店鋪，沿用傳統單獨一隻鐵板燒烤的天然鯛（一丁燒き）方式，店門外面經常出現排隊購買的人潮。由於是當場一個一個燒烤而成，交到饕客們手上時，鯛魚燒絕對是熱騰騰的酥脆狀態，內餡也是每天早上由師傅手工細心炊煮的小倉紅豆餡，薄而細緻的外皮和上品內斂的內餡，就是「柳屋」最大的吸引力。

建議現烤現吃最美味，可以吃出它獨特的地方，一口咬下時，能立即感受到外皮酥脆的魅力，嚼了幾口後，發現酥脆的外皮已經在嘴裡呈現彈性有咬勁的狀態。難怪店門口總是可以看到站著立刻享用的客人，看到他們臉上滿足的表情，就知道其美味的程度。而且「柳屋」的紅豆內餡甜而不膩，鯛魚燒連吃兩個也沒有問題，因此擁有一群廣大的忠實顧客，如此深受在地人與觀光客喜愛的滋味，大家不妨也來嘗嘗看。購買後當場吃最理想，如果想帶回家享用，建議食用前先以烤麵包機烤一下，外皮就會恢復剛烤完時的酥脆狀態。

我在排隊時，發現他們也有販賣冰淇淋夾心最中餅，有小倉紅豆和香草兩種口味，既然「柳屋」有名的是他們的紅豆內餡，於是我就買一個小倉紅

豆口味吃吃看。咬一口，酥脆的最中餅馬上在口中軟化，裡面的小倉紅豆冰淇淋果然秉持著「柳屋」的高雅風格，柔和細膩地在嘴裡與最中餅一起慢慢融化，輕盈爽口沒有負擔，因此我竟一次輕鬆吃掉一個最中餅夾心冰淇淋和一條鯛魚燒。

INFORMATION

柳屋
🏠 東京都中央區日本橋人形町2-11-3
🕐 12：30 ～ 18：30（公休日：星期一和國定假日）
🌐 tabelog.com/tokyo/A1302/A130204/13003065

🌸 內餡超多的銅鑼燒老鋪「清壽軒」

創業於1861年（万延2年／文久元年）的日本和菓子老鋪「清壽軒」，是一間已超過150年以上的百年老店。開業之初在被列為武家地的人形町裡，是眾多町民們於新年節慶與四季慶典中，喜愛拜訪的和菓子小店，經過歲月的淬鍊，如今更是海內外各地人士會慕名前往的名店。經常可以看到從各地而來的旅人，或公司行號人士前來購買大量伴手禮的盛況，其中最受歡迎的就是他們秉持傳統美味及嚴選食材製作而成的絕品銅鑼燒。

看看「清壽軒」銅鑼燒裡擠滿紅豆內餡的模樣，是不是很像一個懷孕的銅鑼燒呢？無論是大判的上下雙層外皮或是小判的單層外皮銅鑼燒，裡面的紅豆沙內餡都是超級霸氣、裝得鼓鼓的，重點是他們的餡泥內斂淡雅不甜膩，且價格親民。另外店裡的栗子饅頭、小倉紅豆羊羹、小倉紅豆最中餅、

栗子最中餅、蒸栗子羊羹和季節限定商品等都很受歡迎，可以自由挑選組合一起帶走，絕對是人形町最具代表性的伴手禮。

INFORMATION

清壽軒
🏠 東京都中央區日本橋堀留町1-4-16 ピーコス日本橋ビル 1F
🕐 09：00 ～ 17：00（公休日：星期六、日、國定假日）
🌐 seijuken.com

🌸 排隊燒鳥名店「おが和」

　　這是一間只賣一樣美食的店鋪，營業時間只有短短的2小時（11：25～13：30），且週末和國定假日通通公休，但卻是一個在營業中排隊人潮從不間斷，且獲得「百名店」獎項的高人氣店家。店裡只賣傳說中一吃就會愛上的「**焼き鳥重**」（燒烤雞肉便當），用四方形的傳統日式漆器便當「重箱」盛裝的燒烤雞肉飯，只要1000日幣，多加200日幣還可以增加肉量，追加飯量則免費。

　　看著老闆娘端著店裡唯一的勝負料理「焼き鳥重」上桌時，大塚先生和我早已期待萬分，心想只用一樣東西就能夠每天吸引這麼多人來排隊，一定

🔟 焼き鳥重；2️⃣ 焼き鳥重（普通量）；3️⃣ 焼き鳥重（加量）。

有它不敗的獨特滋味。果然第一口吃進嘴裡就秒懂，香甜濃郁的獨門特製醬汁，將燒烤過的雞肉襯托得更美味鮮嫩，與鋪上海苔的白米飯超級搭配，白米飯在醬汁與肉汁的結合滲透下非常開胃。原本的燒烤雞肉飯分量已經夠多，大塚先生點的加量版分量更大，香噴噴的燒烤雞肉在便當盒上都快堆成一座小山，但我們卻一口接著一口，輕鬆愉快的一下子就吃光。可見其美妙的口味和漂亮的CP值，就算是只有一種料理，大家也會千里迢迢跑來排隊。

INFORMATION

おが和
地 東京都中央區日本橋人形町3-11-2
時 11：25～13：30（公休日：星期六、日、國定假日）
網 tabelog.com/tokyo/A1302/A130204/13063782

Epilogue

最後要提的是，人形町這裡有一間從我們台灣來的基隆百年老店「連珍」，一改傳統台灣老店的古早味形象，轉變成一個高級甜點時尚店鋪，連包裝的紙盒也是滿滿的高質感，但他們家招牌人氣芋泥球的美味是不變的。「連珍」選擇第一號店所在的位置就是具有眾多百年老店背景的人形町，而且對面竟然就是那間超級知名的鯛魚燒百年老店「柳屋」。因此以後來人形町可以一口氣吃到這幾間跨越國際的百年老店美食，實在是太

1 2 連珍。

幸福了！吃著、吃著我突發奇想，如果將來這兩間百年老店有機會合作，「柳屋」的鯛魚燒裡面包「連珍」的芋泥球，應該會掀起一陣狂潮！

山中料亭「うかい鳥山」！
「豆腐屋うかい」＆擁有世界文化遺產的
眼前就是東京鐵塔的奢華庭園

世界聞名的日式料理「うかい亭」集團，旗下有許多富有特色的人氣餐廳，無論是橫濱的鐵板燒、東京鐵塔旁的豆腐料理、東京車站附近的燒烤料理等，每一間都是饕客們心目中的夢幻餐廳。這篇文章要特別介紹的是其中兩間我們大塚家非常喜歡的料亭，尤其是在特別的日子，例如：節慶或紀念日想慶祝時，就會選擇這兩間，一間是眼前就是東京鐵塔的奢華庭園「豆腐屋うかい」，另一間則是擁有世界文化遺產的山中料亭「うかい鳥山」。

眼前就是東京鐵塔的奢華庭園「豆腐屋うかい」

全名為「東京 芝 豆腐屋 うかい」，是一間常常被日本國內及國外旅遊集團票選為世界最佳餐廳之一的料亭，它之所以有能力可

みなとく 港區
MINATO-KU
しばこうえん 芝公園
SHIBA-KŌEN

以成為世界級的最佳餐廳，是因為「豆腐屋うかい」把日本傳統的優良與美好，在客人用餐的過程中完美地呈現出來，讓喜愛和憧憬日本文化的人，可以在一次悠閒的用餐中，慢慢去享受與體會。這不是一次單單的美食饗宴，絕對是一場美食、建築、服務精神、專業態度和文化探訪之旅。

　　首先是它古典優美的用餐環境，在塵囂喧擾的都市裡，很難得有一個綠意盎然、完全屬於自己私人的用餐空間。當我們一進入「豆腐屋うかい」的大門，一個彷彿與世隔絕的典雅日式庭園，小橋、流水、石階各種悠然風貌馬上呈現在眼前。再往裡面一走，傳統工法打造的建築物，繼承著數百年來的江戶風情，庭園裡一間間私人用餐空間，和用餐過後可以聊天、品嘗甜點及飲料的和洋綜合風格酒吧一一呈現。每一個地方都把「豆腐屋うかい」的專業與用心展露無遺，而且東京鐵塔就在眼前。

　　豆腐懷石料理是這裡的招牌，我們家小孩的七五三慶賀宴會就在這裡舉行。七五三是日本女孩三歲和七歲，以及男孩五歲時，一個祈求健康平安成長的儀式，當初考慮要在哪一個餐廳舉辦祝賀宴會時，馬上就想到「豆腐屋うかい」，在這裡慶祝這個日本家庭重視的傳統慶賀習俗，是最適合不過的。本頁的照片是我們家七五三的祝賀料理，其他平時的菜單可以參看他們的官網。

喜歡豆腐的朋友絕對會被這裡的料理虜獲，基本上在日本，豆腐的品質都不錯，我自己也是來了日本後，愛上這裡濃厚香醇的豆腐，但是吃過「豆腐屋うかい」的豆腐後，讓我體驗到與絕品豆腐相遇的感動。豆腐最講究的是水質和大豆，這裡的豆腐是用古書裡記載位於八王子武藏國的大和田名水，加上嚴選高級品種的北海道大豆，在一群手工師傅日夜不停的努力下誕生出來的逸品，不論是冷的、熱的或是用燒烤的吃法，都會讓人回味無窮、念念不忘！

最後要提的是，也是「豆腐屋うかい」執著的服務精神和待客之道，幸福的感覺不是用言語來表達，而是用心去體會。為了讓客人感到用餐的幸福，從各個細節用心去讓客人感動，一個小動作、不造作的笑容，都可以讓人感受到待客的溫暖，以及賓至如歸的感覺，這就是世界級的「豆腐屋うかい」！

INFORMATION
豆腐屋うかい
地 東京都港區芝公園4-4-13
時 平日午餐11：45 ～ 15：00、晚餐17：00 ～ 22：00；星期六、日、國定假日11：00 ～ 22：00（公休日：每個月有三個星期一，詳細日期請參看官網）
網 www.ukai.co.jp/shiba

🌸 擁有世界文化遺產的山中料亭「うかい鳥山」

這間餐廳裡有一個登錄世界文化遺產的合掌屋「越中五箇山の合掌造り」，隱藏在東京近郊的高尾山中。伴著山中的夕陽、明月、浮雲、林木及四季不同的面貌，可以說是一生中值得去一次的料亭！在這個合掌屋旁，坐落了一個面積廣大且幽靜典雅的日式庭園，走進庭園裡就像走入世外桃源般，令人讚嘆聲連連，每個人都驚呼著這世界上竟有如此意境高雅的餐廳！置身於大自然中被山林擁抱，每一個呼吸與每一個分分秒秒都變得閒情逸致、療癒感十足。

　　庭園裡有著一間間私人空間的餐飲室，我們就在裡面享受著當地山雞、特選和牛、季節野菜和新鮮川魚。每個人都沉溺在這難得的山中片刻，這裡集合了日本的歷史文化和自傲的大自然風光，用其傳統「和的心與技」為我們獻上幸福美味料理。

　　寬敞舒適、私密悠閒是每一個房間最吸引人的地方，此外令人感動的還有窗外上映的一幅幅大自然畫作，春櫻、夏綠、秋風和冬雪，四季皆美。這裡的料理採套餐方式，串燒、燒烤是主要的內容，我們當天點的是只有平日下午3點以前才有的限定地雞燒烤套餐，內容豐盛獨特，而且無價的山中美景是最棒的調味料！

　　當天吃到的胡桃豆腐芳醇濃厚、口感柔軟綿密，一吃進嘴裡，胡桃的香氣馬上在口中擴散開來，令人著迷。還有川魚山椒煮、用菊花浸漬的舞茸和蔬菜都好有特色，一個重口味，一個清爽淡雅，一個出彩，一個內斂，光是前菜就非常有看頭。接著專門負責燒烤的師傅端上了一盤今日的主要燒烤食材，油脂烤得恰恰好的雞腿肉和沾上醬汁更顯出色的雞肉丸子都很美味。另外烤地瓜、大白蔥和包裹在葉片裡燒烤的味噌白蘿蔔都各具風味、各自精彩，大家吃得非常盡興。

　　我們去的那段時間剛好接近年末，料亭裡的甘酒處免費提供大家拿取白米釀製的甘酒，在冬天加熱飲用有驅寒的效果，據說對健康和美容也很有助益。香醇的米香中帶著甜美的滋味是這裡的甘酒最令人回味的地方，服務人員說很多人還特地為了「うかい鳥山」所釀的甘酒遠道而來！

　　在兩個多小時的悠閒用餐時光後，我們依依不捨地將料亭裡的每一處再細細品味一番，每一個轉角都是驚喜。位於入口處的世界文化遺產「越中五箇山の合掌造り」是可以進去參觀的合掌屋，記得在離開前入內探訪，為這次美食美景之旅再添幾分文化與藝術的色彩。

　　那一年的深秋，我們在「うかい鳥山」遇到了楓葉的尾聲，為這山中料亭增添了不少秋天美麗的顏色，無論美景美食都讓人感動，真是一個可以用五感體驗，一邊賞景一邊享用美食的山中美好時光！

INFORMATION

うかい鳥山

🏠 東京都八王子市南淺川町3426

🕐 平日午餐11：30 ～ 15：00，晚餐17：00 ～ 21：30；星期六、日、國定假日11：00 ～ 21：00（公休日：星期二，但不同時期會有變動，詳細日期請參看官網）

🌐 www.ukai.co.jp/toriyama

「ねぎし」（NEGISHI）！深受東京人喜愛的牛舌定食餐廳

美食一直都是日本旅遊中的一大重點，相信大家在選擇美食餐廳時，除了好吃外，價格合理也是很大的考量因素。說到美味鮮嫩的牛舌料理，價位通常不會太便宜，而這篇文章要介紹一個東京必吃的牛舌定食餐廳「ねぎし」，很多人在吃過一次後就變成了常客。許多人來日本旅行一定會吃的美味牛舌和日式燒肉，在這裡通通可以享用得到，最重要的是所有的定食組合大多只要1000到3000日幣左右，CP值高，絕對可以滿足大家的味蕾，而且還能加入健康飲食的觀念喔！

「ねぎし」（NEGISHI）的全名為「牛たん とろろ 麦めし ねぎし」，是首度將仙台的下酒菜牛舌，帶來東京變成定食的第一間店鋪，它的一號店成立於1981年的新宿歌舞伎町一帶。由於牛舌本來就是非常適合一邊喝酒一邊享用的料理，因此最初設立在新宿歌舞伎町，正吻合那裡的需求。雖然一開始以男性酒客居多，後來店家在定番的牛舌套餐組合中，多增加具有健康概念的山藥泥麥飯後，吸引許多女性客人的關注。如今大多牛舌專賣店幾乎都會提供山藥泥麥飯，據說就是來自於「ねぎし」（NEGISHI）的點子，它現在在東京及其近郊已有數十間分店，可說是一個頗受歡迎的牛舌燒烤連鎖餐廳。

　　「ねぎし」（NEGISHI）的招牌菜色就是牛舌定食，牛舌按照部位和切法主要有三種選擇，厚切白牛舌、薄切白牛舌和薄切紅牛舌。白牛舌屬於牛舌後面的部位，口感柔軟、油質豐富，一頭牛最多也只能取到九枚的厚切白牛舌而已，是許多饕客最愛的地方。紅牛舌位於牛舌的前端，口感較硬但咬勁十足，適合切成薄片享用，消費者可依照自己的喜好做選擇，如果想要三種都品嘗，建議可以點他們菜單上的三種牛舌定食，非常適合牛舌愛好者們細細品嘗、比較一番。

　　除了經典美味的牛舌外，「ねぎし」（NEGISHI）也提供其他的燒肉定食，有不同部位的牛肉、豬肉和雞肉的選擇。在師傅們的炭火現場燒烤下，燒肉的油脂飛躍起舞，再淋上店裡特製的烤肉醬，香味四溢，保證一走進店裡就會飢腸轆轆、肚子叫個不停，因為燒烤的地方就在店裡的中央，也在客人面前，臨場感十足。定食價位從1000日幣到3000日幣都有，每一個定食都可

以吃到主菜、麥飯、山藥泥、醃漬小菜和牛尾湯，算是非常划算的一餐。此外也能單點一片肉類的方式追加點餐，例如：一份牛舌定食和兩片燒烤牛里肌等。

有時大塚先生和我會點兩份牛舌套餐，以專注品嘗牛舌的美好滋味，有時則會點一大份的白牛舌厚切定食和三種燒肉組合定食，並且兩個人一起享用。三種燒肉有牛五花肉、豬里肌肉、辣味豬肉片，這樣的點法可以吃到多樣化的口味和菜色，讓人感到豐盛又滿足。每一個套餐裡除了主食外，都有附上一份白味噌醃漬小菜、麥飯、山藥泥和牛尾湯，其中的麥飯可以無限續碗，可說是一個分量十足、菜色豐富並兼顧健康的均衡飲食。如果只有一個人用餐也想同時吃到牛舌和燒肉的話，這裡也有兩種結合在一起的定食選擇，非常有彈性。

牛舌帶點淡淡的鹽味與粒粒分明的麥飯好對味，再喝一口香濃卻清爽的牛尾湯更是好滋味，清湯上面切得細細長長的蔥白，在味覺上有畫龍點睛的效果。附上的味噌醃漬小菜非常下飯，一不小心就能把麥飯吃光，還好可以續碗，因為將麥飯淋上山藥泥，又是另一種美味的吃法。已經有調好味道的山藥泥與麥飯一起拌勻後，吃進嘴裡非常滑順爽口，幾乎不用咀嚼就能滑進肚子裡面。沒有吃過山藥泥與麥飯結合在一起的人，一定要嘗試看看這種奇特的口感，可說是日本的傳統健康美食。

「ねぎし」（NEGISHI）目前在東京和橫濱一帶有許多分店，照片上去的是位於錦糸町車站的店鋪，其他各店鋪詳細資訊請查閱官網。

INFORMATION
ねぎし
（地）東京都墨田區錦糸1-2-47
（時）11：00 ～ 22：00
（網）www.negishi.co.jp

LOUNGE」充滿在日本生產的回憶！

聖路加花園頂樓餐廳「RESTAURANT LUKE with SKY

ちゅうおうく 中央區
CHUO-KU

あかしちょう 明石町
AKASHICHŌ

當東京因疫情嚴重而宣布緊急事態宣言後，大家盡量留在家裡過著自主管理的生活，但一群吃貨的我們話題仍圍繞在，如果解禁後疫情更穩定了，大家最想去哪裡吃飯呢？我自己想了想，浮現在腦海的竟是這間位於築地的聖路加花園頂樓餐廳「RESTAURANT LUKE with SKY LOUNGE」，這是一間充滿許多我懷孕和生產回憶的餐廳。當初第一胎因人生地不熟而回台灣生，第二胎則是諸事不便就在日本生，但大塚先生擔心語言溝通問題，所以選了一間國際醫院，醫院隔壁附屬大樓的最高層就是這間餐廳。

台日兩地生小孩的待遇和過程非常不一樣（真心覺得在台灣生小孩是一件幸福的事），其中日本醫院不允許家屬過夜照顧病人，所以剛生完小孩後的我，半夜醒來是孤單單的一人，而且剖腹生產完後的第二天就要起來淋浴、運動和照顧嬰兒，更別說有什麼宛如天堂般的坐月子中心，我永遠記得當初出院時，幾乎是頭也不回逃出來的！對我來說醫院簡直是個軍隊營地，覺得自己是去從軍而不是去生小孩，害當年來日本幫我坐月子的老媽回台灣後，還到處跟別人說：「千萬別去日本生小孩！」

　　我也記得非常清楚，我家老媽為了爭分奪秒地多幫一些忙和照顧我，每天早早地去醫院等待開始會客的時間，然後再留到晚上最後1分鐘才離開。她還常常到附近的築地去買鮮魚，燉湯給我喝，有時還要幫我照顧那時不到兩歲，調皮又好動的姊姊。最後醫院的人都記住了這位來自台灣的母親，他們被她愛護女兒的精神與行動力感動，據說很想頒一面金牌給她，殊不知我們台灣的媽媽就是這樣啊！

　　因此每次來醫院隔壁大樓的這間餐廳吃飯，這些點點滴滴都會湧上心頭，雖然當年對我來說是一個辛苦的生產過程，但坐在這裡吃著美味的餐點，再看到整個東京美麗的高空景觀，所有的孕產辛勞都變成了難忘的回憶。

　　在東京頗負盛名的聖路加國際病院「St. Luke's」旁邊有一棟聖路加花園大樓，兩棟合在一起是個非常明顯的雙塔建築物，可說是築地這一帶的地標，但事實上我是先接觸聖路加國際病院後，才真正認識花園大廈。花園大廈建於1994年，是個結合辦公室、商業、住宅、餐飲等的複合式大樓，和醫院結合成雙塔樓，兩棟樓之間還有一個空橋聯繫彼此。最頂層的47樓是一個可以眺望東京美景的天空餐廳「RESTAURANT LUKE with SKY LOUNGE」，築地一帶及周邊的月島、佃島、隅田川，以及汐留、台場、彩虹大橋和東京鐵塔等也一覽無遺。白天和夜晚兩種不同的風情，伴隨著餐廳提供的美食美酒，

絕對是一個都市中的祕密花園，當我第一次來時，就喜歡上這裡的用餐環境與美食。

當那陣子頻繁出入醫院產檢而經過聖路加花園大樓時，我就告訴自己，生產完後一定要去頂樓看看美景，期待著讓自己渴望被療癒的身心紓壓一下。沒想到去過一次後就被頂樓天空餐廳出色的餐飲和美景深深吸引，挑高明亮的舒適空間、一望無際的城市絕景和精緻的美味餐飲，變成後來我一去再去的主要原因。

午間的套餐有數種選擇，簡單俐落的義大利麵套餐和內容豐富的華麗套餐各有特色，每週還會更換不同的菜色。我們去過很多次，卻很少遇到一模一樣的內容，可見主廚的創意源源不絕，最重要的是口味都很不錯。另外他們的飲料、沙拉、麵包，以及飯後的甜點、咖啡、紅茶，都可以感受得到餐廳的用心，同時服務人員的優雅態度，讓用餐氣氛也跟著優雅起來。下午茶時間提供奢華的英式三層甜點與輕食，到了夜晚會變為一個附有酒吧的摩登浪漫餐廳，更多詳細餐飲資訊可以參考他們的官網。

白天的景色已經是風情萬種，想必夜晚更是美豔驚人，由於它優秀的用餐環境，「RESTAURANT LUKE with SKY LOUNGE」也是東京頗受歡迎的結婚會場之一。走出去外面的露臺可以看到美麗的東京高空景觀與璀璨夜景，旁邊有一個宛如置身教堂裡結婚儀式用的神父誓詞台，相信在這裡舉行婚禮會非常精彩，雖然我已經用不到了。不過每隔一陣子我們就會來回味這裡的美味料理，順便笑談一下我的第二胎生產從軍傳說！

INFORMATION

RESTAURANT LUKE with SKY LOUNGE
🏠 東京都中央區明石町 8-1 聖路加 GARDEN 47F
🕐 午餐 11：30 ～ 14：30；下午茶 11：30 ～ 17：00；晚餐 17：30 ～ 22：00；公休日：星期六、日和國定假日
🌐 www.restaurant-luke.com

晴空塔的「BRASSERIE AUX AMIS」！奢華卻實惠的燒肉午餐＆可以近距離觀賞

晴空塔景觀餐廳「叙々苑」

すみだく 墨田區
SUMIDA-KU

おしあげ 押上
OSHIAGE

位於晴空塔30F和31F的高層景觀餐廳，看起來似乎是價格頗高的高級餐廳，其實在平日的中午來這裡可以吃到划算又美味的特惠午餐，還可以享受一覽無遺的東京高空城市美景。這裡要介紹兩間我們家常去的景觀餐廳給大家參考，一間是可以吃到奢華但價格卻很實惠的燒肉午餐「叙々苑」，另一間則是可以近距離觀賞晴空塔的「BRASSERIE AUX AMIS」，一個是日式燒肉，一個是西式料理，白天和夜晚的高空景觀各自精彩、各具特色。

❀「叙々苑」奢華卻實惠的燒肉午餐

在日本旅遊中享受美食絕對是很多人會安排的行程，其中有一個省錢祕訣，既可以吃到日本知名美味的餐廳美食，又可以節省許多花費，就是利用各個餐廳在午間推出的特惠餐，尤其是平日的午餐。許多餐廳為了吸引顧客上門，會使出渾身解數，因此只有在午餐時段才吃得到的超值組合紛紛登場，大家可以把握這個機會。

位於晴空塔30F的「叙々苑」，原本是一個價格頗高的高級餐廳，但在平日的中午來這裡，可以吃到內容豐盛但價格親民的燒肉午餐，還可以享受無價的東京城市風光，可

說是享用「叙々苑」燒肉的最佳選擇。他們所推出的中午特惠套餐，主要有數種燒肉組合，可以依照自己喜歡的肉類內容來選擇，不論哪一個都物超所值，比單點還划算。

其中要特別介紹的是平日午餐限定的燒肉套餐，3000日幣不到卻吃得到上等肉質的牛肉與鮮蝦。醃漬著「叙々苑」特製燒肉醬的八大片特選牛肉和兩條新鮮大蝦、清脆可口的鹽味芝麻生菜沙拉、道地爽口的各種韓式小菜和泡菜，以及清爽鮮美的海帶湯。每一樣都具有「叙々苑」自豪獨特的風味，相信會是個令人一吃難忘、回味無窮的燒肉套餐。

牛肉烤完後散發出濃濃的誘人香氣，再沾上微甜的「叙々苑」特製燒肉醬，大口大口配著白飯真是一大享受，所有的味蕾都在一瞬間得到幸福愉悅的快感。另外附上的各種小菜也非常下飯，個人直覺這樣的搭配是餐廳自信滿滿計算好的，連只是開胃的生菜沙拉都很有主角的氣勢！不得不讚美一下這盤用「叙々苑」特製沙拉醬調製出來的鹽味芝麻生菜沙拉，由於太有人氣，店家還推出瓶裝的沙拉醬讓消費者可以購買。在鹽味芝麻沙拉醬的點綴下，生菜沙拉的口感顯得更爽口清脆、甜美多汁，恰恰好的鹽味與香濃的芝麻香氣簡直是天生的一對！

其他的套餐也可以享受到「叙々苑」傳統經典的美味燒肉，尤其要特別介紹他們的鹽燒牛舌，是一款大人氣菜色，有時我們為了可以好好品嘗一下這裡的燒烤牛舌，還會特地單點一分**蔥花鹽味牛舌**。一片片厚切鮮嫩牛舌包著特製調味的蔥花，燒烤起來特別具有風味，一吃就會深深愛上這一味！

蔥花鹽味牛舌。

另外沒有時間慢慢烤肉的朋友們，可以點他們的牛肉拌飯便當，用日式傳統的便當「重箱」裝著廚師燒烤好的牛肉，與店家特製的燒肉醬汁融合在一起，非常下飯。便當盒裡面豐盛的韓式醃漬小菜，果然是拌飯裡的經典菜色，散發一股股清香開胃的香油味，馬上將我們的胃口全部打開。各種醃漬小菜的豐富口感，在帶點甜味與酸味的絕妙平衡下，把整個便當的美味度升級不少。

INFORMATION

叙々苑

(地) 東京都墨田區押上1-1-2東京スカイツリータウン ソラマチ 30F

(時) 10：30 ～ 23：00（21：30為最後入場及點餐時間）

(網) www.jojoen.co.jp

最後在飯後甜點與咖啡紅茶的陪伴下，帶著滿足的幸福感悠哉地欣賞眼前東京的高空美景，這就是景觀餐廳迷人的地方。餐後還可以留在高樓層到處欣賞東京這座城市迷人的風光，或是登上晴空塔的展望台觀賞更高、更壯觀的景致，而且樓下還有許多購物商場，相信飯後的逛街活動也會非常有趣。

🌸 可以近距離觀賞晴空塔的「BRASSERIE AUX AMIS」

「BRASSERIE AUX AMIS」是個可以享用到各地頂級食材與美酒的景觀餐廳，特大近距離的晴空塔就在眼前，還可以遙望東京灣岸風光，不論白天和夜晚都很迷人。感覺在這裡告白或求婚應該很不錯，女孩們會喜歡這裡的精緻美食與絕美夜景，雖然我已經不需要被告白，但美景美食是任何年齡層都不可缺少的。

　　這家餐廳不定期會有不同的特別活動，例如：日本黑毛和牛品評會選出來的優勝牛特別料理、沖繩食材和法國料理結合的特別活動，或是地中海料理和法國酒的組合等等。當然像聖誕節、新年與情人節等這種特別的日子，更會有特別的餐飲活動，店裡的酒精飲品也非常完善，是個可以與喜歡的人一起慶祝紀念日的好地方。

　　中午的限定套餐從2000日幣到9000日幣都有，能夠吃到主廚精心設計的菜色，主菜可以從各種肉類料理中挑選，每段時間的主題也都不太一樣。星期一的限量午餐最受歡迎，因為可以吃到各地精選的品牌食材，建議早一點訂位比較保險。到了晚上又是更華麗的套餐組合，能夠盡情地與戀人或親朋好友們奢華地享受美食和夜景，更多詳細的菜單內容請查閱官網。

　　文章裡的照片是我們點的平日中午特惠套餐，首先登場的是自家製的手工麵包，咬勁十足且充滿雜穀香氣的麵包，抹上富含韻味的抹醬好對味。接著登場的是一大盤豐盛的前菜組合，有燒烤牛肉、莫札瑞拉起司佐羅勒醬、法國鹹派、紅蘿蔔絲沙拉、芥末涼拌雞胸肉和橄欖油炒蔬菜等，一盤裡面集結了各種可口開胃小菜，可以悠閒地慢慢享用每一口不同的滋味。

　　當濃湯上桌時，顏色非常吸睛，令人好奇是什麼樣的食材才能做出這種豔麗的粉紅色澤，在服務人員的解說下，才知道原來這是一種紅色的圓形蘿蔔，中文又叫櫻桃蘿蔔，喝起來果真有濃濃的蘿蔔香，在牛奶的綜合下多了幾分柔和溫潤的味道。

再來就是最受注目的主菜，用派皮包起來燒烤的鮭魚排，中間還夾滿了清爽開胃的馬鈴薯沙拉，每一口都可以吃到紮實美味的食材。另一個套餐主食是若姬牛厚切沙朗牛排，淋上主廚的特製醬汁，肉質柔軟鮮美，在清爽順口的醬汁襯托下又更出色。

最後別小看套餐裡面的甜點，手工布丁的香濃蛋香在口中久久不散，藍莓起司蛋糕和洋梨水果派都各具風味，此時喝一口香濃的咖啡正是完美的結尾。一邊優雅地享用甜點一邊欣賞窗外的豪華美景，絕對是告白或求婚的最好時刻，另外在旅途中想慶生或祝賀紀念日的人，這裡也很適合安排。

INFORMATION

BRASSERIE AUX AMIS

地 東京都墨田區押上 1-1-2 東京スカイツリータウン ソラマチ 30F

時 午餐 11：00 ～ 15：00；下午茶 15：00 ～ 16：50；晚餐 17：00 ～ 23：00

網 auxamis.com/skytree

另外，位於31樓的「天空ラウンジ TOP of TREE」，也是一個可以觀賞到超近距離晴空塔的浪漫餐廳，到了晚上則變身為一個璀璨豔麗、風情萬種的酒吧。他們的午間特惠套餐中有一款店裡的名物，附有一座晴空塔的三層法式料理，坐在正面面對晴空塔的沙發椅上享用，天氣晴朗時還可以眺望遠方的富士山，可說是難得的體驗！

　　無論從前菜的沙拉、各式開胃小菜和可以自選的主菜，都吃得到滿滿的法式風情，精緻的外觀和滋味與眼前的美景相映成趣，讓人驚嘆連連。更令人驚喜的是，整套料理的呈現方式竟然是下午茶甜點的概念，例如：擠在生菜沙拉上面的沙拉醬看起來像鮮奶油，吃起來也很像鮮奶油，但卻和生菜非常對味；用蔬菜做得超像甜點般的鹹糕；綠色爽口的青菜慕斯；用鮭魚和秋葵做成的果凍；裡面包著蝦子的酥脆捲餅；擠在餅乾上面的堅果南瓜泥；用紅椒和帆立貝做成的義大利奶酪等。還有精心設計的主菜，每一樣都吃得到主廚的用心和巧思。相信這裡也是一個適合與所愛的人或閨密約會的好所在，因此就在本篇文章裡一起介紹給計畫來晴空塔景觀餐廳享用美食美景的旅人們。

INFORMATION

天空ラウンジ TOP of TREE

- 地 東京都墨田區押上 1-1-2
  東京スカイツリータウン
  ソラマチ 31F
- 時 午餐 11：00 ～ 16：00；晚
  餐 17：00 ～ 23：00
- 網 www.top-of-tree.jp

中午特惠套餐和夜晚酒吧單品皆豐盛的

「RIGOLETTO」義大利＆西班牙餐廳！

也是慶生的好去處！

這間頗受東京當地人歡迎的人氣餐廳「RIGOLETTO」CP值頗高，算是一種義大利菜和西班牙菜的複合式餐廳。他們在東京有好幾間分店，每一間都各有不同的特色，其中一間位於晴空塔的二樓，地理位置對遊客來說非常方便，吃完還可以順便購物逛街。空間寬敞舒適，中午可以吃到物超所值的套餐，晚上的菜色也非常豐富，雖然當初一開始是被他們的超值午餐吸引進去，沒想到晚上的價位也很親民，因此一吃成主顧到現在。在日本這麼多年，只要有朋友說想吃西餐或是夜晚想喝點酒、還是要舉行什麼慶祝會，我都會帶朋友來這裡。

首先要讚賞一下他們優秀的用餐環境，在占地寬廣的空間裡，擺著白色古典優雅的桌椅，紅色的皮革椅墊增加了一些活潑熱情的元素。座位的安排除了有2到4人座的桌椅外，也有半私密空間的沙發椅，非常適合攜家帶眷的家庭，尤其是有嬰幼兒的消費者，可以與外界有一點隔離作用，讓小孩坐在沙發上也比較容易照顧。

還有多人座的大座位區域，就在開放式廚房的前面，這裡能看得到後面的大烤箱裡，正在燒烤一整排香噴噴的烤雞，以及廚師們製作披薩的模樣，非常適合團體來這裡開慶祝會或辦慶生會。另外若想要以喝酒為主，

すみだく 墨田區
SUMIDA-KU
おしあげ 押上
OSHIAGE

則適合坐在高腳椅區，顯得優雅又愜意。外面還有一區戶外露天座位，天氣好時在這裡享用一杯咖啡和美味的甜點，度過悠閒的下午茶時光是許多人的選擇。不論是為了什麼目的來此，相信這個多功能設計的用餐空間會滿足我們不同的需求。

中午的超值午餐是我經常光顧的目標，不定期會有不同的精緻套餐登場，也有經典的特惠套餐，可以選披薩或義大利麵當主食。每個套餐都含有沙拉、濃湯和各種飲料的選擇。每天更換的精選義大利麵和披薩是我每次最愛點的內容，去過好多次居然都還沒有吃過重複的主餐，可見得菜色的變換非常豐富，而且每道都是餐廳自己獨特的料理手法。不得不在這裡大大讚美「RIGOLETTO」的義大利麵，除了麵的種類可以選擇外，口感也頗為彈牙、富有咬勁，尤其是餐點的道地風味，總是讓人覺得這樣的價格非常值得！

接著要特別推薦他們的全套特惠套餐，有沙拉、濃湯、黃金燒烤香酥雞、任選各種口味的義大利麵、甜點、飲料，這樣一套吃下來令人既飽足又滿足，實在太划算。我常常和朋友們各點一份慢慢吃，最後再享用甜點、喝咖啡，坐一整個下午，一個全套套餐把午餐和下午茶全都包辦，舒適的空間讓我們聊天都聊到忘了時間。

他們晚餐會提供非常多的菜色選擇，除了美味的前菜和沙拉外，他們還有許多各式各樣TAPAS小菜，我們常常點一瓶紅酒，叫幾樣美味可口的小菜，

肚子就差不多快飽了。這裡的小菜，我們最喜歡香蒜橄欖油AHIJO，有小魚、鮮蝦、各式菇類等食材，再搭配法國吐司沾上蒜味橄欖油，太美味了！另外的焗烤類小菜、西班牙TAPAS、生火腿組合等都很吸引人。

最後再點一、兩樣肉類主菜和義大利麵、披薩或西班牙海鮮飯當結尾就非常飽足，可說是聚餐喝酒的好地方。此外，他們的肉類主餐經常變換季節性菜色，並提供豐富的飲料及精緻可口的甜點，我們家除了一直都是「RIGOLETTO」的常客外，有時還會來這裡舉辦家族慶生會。

有一年我自己的生日就是在這裡慶祝，我們盡情地狂點各式小菜，忘我地享用烤雞、伊比利豬、德式綜合香腸、披薩、義大利麵等，根本將減肥一事拋在腦後。最後最令我驚喜的是，服務人員端出一盤裝有各種蛋糕（餐廳免費提供）及寫上生日快樂的慶生盤，大聲對我唱生日快樂歌。雖然他們把我的中文名字唸得怪怪的，但是他們盡力了，我的中文名字連公婆都要練習好久才能唸正確。感謝家人的安排，並教導服務人員中文字的發音，由於我們這群人吃太快了（餓很久的樣子），害店家來不及及時準備生日蛋糕！因為光是寫字和畫畫好像就花了他們一些時間，家人因此還跟工人員配合演戲，避免「東窗事發」，讓我度過了一個難忘的生日！

來日本旅行剛好遇到生日，想在餐廳裡慶祝時，可在網路預約時於備註欄裡提出需求，並在當天再跟餐廳確認一次比較保險。大部分餐廳會提供小蛋糕、寫上生日快樂的慶生盤和唱生日快樂歌，有些餐廳還會提供拍立得的照相服務。有需要的朋友可以試試看在日本的餐廳裡，讓大家為壽星唱生日快樂歌慶祝，留下旅行中難忘的回憶。

「RIGOLETTO」在東京有很多分店，銀座、六本木和丸之內的我們都去過，各有不同的裝飾風格，每一家的菜單也會有點不太一樣，更多其他分店的詳細資訊，可以參看他們的官網。

INFORMATION

RIGOLETTO
🏠 東京都墨田區押上 1-1-2
東京スカイツリータウン
ソラマチ 2F
🕐 11：00 ～ 23：00
🌐 www.rigoletto.jp

各種肉類燒烤、新鮮沙拉、美味甜點無限享用！
肉食主義者必吃的霸氣巴西窯烤「BARBACOA」！

喜歡吃肉的朋友們請看過來，這裡要介紹大家一個來日本除了日式燒肉外，還有一種人氣燒烤吃法，可以霸氣地享用各式各樣的美味肉類，而且連沙拉和甜點都非常講究。這個可以吃到飽的餐廳「BARBACOA」是一種道地的巴西窯烤，在東京有許多分店，每個店鋪的吃法和菜色多少有些不太一樣。這篇文章要介紹的是位於東京六本木HILLS和澀谷的店鋪，風格時尚、空間寬敞、位置極佳，來日本旅遊的肉食主義者們，若想嘗試一下不同的肉類燒烤，不妨可以考慮來這裡用餐。

首先來看看六本木店鋪的巴西窯烤吃到飽的CHURRASCO，服務人員會不時從廚房裡端出剛剛燒烤好的各式肉類到客人的餐桌，如果需要的話請他們直接切給你，餐廳裡面附設的沙拉吧和甜點吧都包含在內。

澀谷店鋪的巴西窯烤吃到飽CHURRASCO和六本木不一樣的地方，是客人必須自己到中間餐檯專門窯烤的地方去拿取各種燒烤，請廚師當場切給你想要的部位，另外沙拉和甜點比較精簡，所以價格便宜一點。除了平日午餐是90分鐘限制外，其他的用餐時間都是2小時。因此大家可以依照自己的喜好與需求選擇六本木或澀谷店鋪，另外其他店鋪的詳細資訊可以查閱官網。

六本木店鋪走的是成熟大人設計風格，色調以沉穩優雅的暗色系為主；**澀谷店鋪**則是一種綠意盎然的田園風格，空間寬敞、採光明亮。無論是六本木或澀谷，晚餐的巴西窯烤吃到飽的肉類都比較豐盛，雖然價位也稍微貴一些，但想好好專注品嘗各式肉類燒烤的肉食主義者，可以選擇晚上的時間來。至於胃口比較小的朋友們，個人覺得他們的特惠午餐就很足夠。

1 六本木店鋪；**2** 澀谷店鋪。

　　「BARBACOA」的巴西窯烤吃到飽，無論是服務人員隨時端出剛剛燒烤好的各種肉類到你的位置或是自己去拿取，插在刀子上窯烤的肉類非常吸引人，要吃多少都可以自己決定，場面霸氣又豪邁，令人一看胃口大開。其中必吃的肉類有菲力牛排，可以吃到店家自豪的高品質口味；臀肉蓋是屬於臀部上方的肉，精實的肉質和細膩的油花分布是許多饕客喜愛的地方。

　　如果喜歡再嫩一點的口感可以選擇背部後段的沙朗，紅肉和脂肪均勻地散布開來，讓口感順滑柔軟；另外臀肉牛排（Rump Steak）和後腹側牛排（Flank Steak）也是不錯的選擇。除了牛肉外，也有豬肩胛肉、燒烤雞肉、小羊排、德式香腸、燒烤起司、燒烤鳳梨等，保證能讓大家吃得很過癮。

　　除了主菜的肉類燒烤外，他們的沙拉吧和甜點也很精彩，各式各樣的生鮮蔬菜都很完備，切工也處理得很精細，將生菜沙拉清脆甜美的口感展現出來。另外和沙拉不可或缺的沙拉醬也有許多口味的選擇，雖然「BARBACOA」是以肉類燒烤為主的餐廳，但吃過他們沙拉吧的消費者都讚不絕口。我們家的婆婆和小姑還曾為了想吃這個沙拉吧而選擇在這裡用餐，順便補充一下維生素與礦物質。

不喜歡吃生菜的人也不用擔心，這裡準備了好幾樣溫野菜，料理煮過的蔬菜淋上自己喜歡的醬料，再搭配一些開胃小菜，也可以變成一盤豐富的前菜。此外，炒飯、義大利麵、不同口味的咖哩飯和一些其他的食物，也是提供變換胃口的輔佐料理，吃肉吃到有點膩時，就可以改吃一下這些東西。餐檯上還有一個巨大的原味香濃起司，拿來添加在沙拉、咖哩飯或義大利麵上，能讓美味更升級。法國麵包、小餐包、各式果醬及奶油，也讓餐飲的內容豐富不少。

再來要介紹他們的甜點吧，通常以肉類為主的吃到飽餐廳是不會把太多重心放在沙拉和甜點上面，但剛剛大家看完了他們的沙拉吧介紹，就可以瞭解有人願意為了他們的新鮮沙拉而來。說到甜點，竟也有人對這裡念念不忘，難忘的主要有兩種，一個是他們的巴西燒烤布丁，濃濃的蛋香和滑嫩的口感是最令人回味的地方，外加那絕妙平衡的甜美與微苦，更讓人一吃難忘。

另一個就是自己客製化的冰淇淋，我發現一個非常美味的吃法，是先在杯子底部塗上一層HERSHEY'S巧克力醬，擠上牛奶冰淇淋後，再淋上巧克力醬與棉花糖、核桃碎片等等，簡直能夠媲美餐廳裡單點的甜點。愛吃水果的大塚爺爺則是發現，將帶點酸味的葡萄柚和甜美多汁的哈密瓜一起加進冰淇淋裡，可製造出一種水果百匯冰淇淋的吃法，即使再來一杯也不膩。

吃到飽的巴西窯烤CHURRASCO，不論午餐或晚餐都附有沙拉和甜點吧，非常適合和親朋好友們一起來這裡聚餐或舉辦慶祝會。我們家成員的生日會有一次也是在這裡辦，店家會為壽星準備一盤生日小蛋糕，並寫上祝賀的話語。除了這篇文章介紹的店鋪外，「BARBACOA」在青山、丸之內、新橋、高輪和大阪等還有其他的店鋪，更多詳細資訊請參看下面官網。

INFORMATION

BARBACOA

地 **六本木店鋪**　東京都港區六本木6-10-1六本木HILLS WEST WALK 5F

時 平日午餐11：30 ～ 15：00，平日晚餐17：30 ～ 23：00；假日午餐11：00 ～ 16：00，假日晚餐17：00 ～ 23：00

網 barbacoa.jp

難得的河畔餐飲時光！
在洋溢異國風情的神樂坂
「CANAL CAFE」享受都市中

しんじゅくく 新宿區
SHINJUKU-KU

かぐらざか 神樂坂
KAGURAZAKA

神樂坂雖然是東京新宿的一個區域，但其特殊的歷史沿革與文化發展，散發著一種自成一格的獨特風情，讓人身處其中時，能感受不同於其他日本街道的風雅韻味，同時還夾雜一些異國風味，吸引了不少人前去探訪。這一條長約1公里的神樂坂兩旁新舊商店林立、人潮熙熙攘攘，但一走進巷弄裡卻又是另一個石階小路的隱密世界，其古意盎然的靜謐帶來的反差感，就是神樂坂的一大魅力。

神樂坂周邊有**毘沙門天善國寺**、若宮八幡神社與赤城神社等多間寺廟，附近有東京理科大學、法政大學，另外也有幾間法國學校和法國相關機關坐落於此，於是古今並存、融合傳統與現代、洋溢著日法交匯的風情，就是神樂坂這一帶的特色。

神樂坂是日本少見的逆轉式單行道，早上和下午的汽車單向行進方向不同，此外，部分路段在假日會開放為民眾的步行街道。雖然近年來愈來愈多的連鎖商店和餐廳進駐道路兩旁，但許多來此必吃的知名美食依然人氣不減，例如：「神樂坂五十番」的鮮肉包、「つじ半 神樂坂店」的奢華海鮮丼、「神樂坂菓の子や KANOKOYA」的傳統和菓子，以及這裡才有的現烤神樂坂名物「**不二家 PEKO醬**」人形燒等。

■1 ■2 CANAL CAFE；■3 「不二家PEKO醬」人形燒；■4 毘沙門天善國寺。

　　走著、走著中間會看到一條小小的巷弄名為「神樂小路」，彎進去後又是別有洞天，道地傳統日式居酒屋、悠閒自在的咖啡館和法國風味十足的餐廳等散落其中。如果還想更深入體驗宛如捉迷藏式的探險，可以再彎進去各個小巷中，也許會與以前留下來的「藝妓小路」或「兵庫橫丁」相遇。就算是在裡面迷路，也會收穫不少漫步在石階小巷中的風流雅致，感受一下往昔尾崎紅葉、夏目漱石、與謝野晶子等文人所喜愛的街道風情，也是一種東京慢旅的樂趣。

　　接著再繼續沿著神樂坂往前走到底，過了馬路後，就會看到一個在都市中難得能夠擁有河畔風光、洋溢著濃厚異國風味的「CANAL CAFE」。在一個充滿歐洲風味的大門後是一個往下的階梯，標示上寫著往右邊走是酒吧和咖啡的露天甲板區，3月到11月會提供BBQ的服務，由餐廳替客人準備BBQ的全部食材與道具；左邊則是用餐的餐飲區，用餐的地方也有分室內與室外露天的選擇。對面是JR總武線、中央線的鐵軌，坐在河岸邊可以看到電車交錯經過與運河重疊的特殊景觀，實在非常難得。

　　露天咖啡區有幾位客人正在享受屬於自己的一片陽光與悠閒，讓我也不禁想加入其中，但此時又感到肚子正飢腸轆轆，於是我選擇了右邊的餐飲區

先覓食。餐飲區裡空間寬敞、座位舒適、擺設優雅，但發現大部分的客人都往室外的露天座位去，果然迷人的河岸風光才是「CANAL CAFE」的魅力所在，而陽光、空氣和水就是食物的最佳調味料。我也去找了一個岸邊的座位，呼吸一下這裡獨家優雅的空氣，準備好好享受屬於自己的閒情逸致好時光。據說到了春天，河岸兩旁會開滿粉嫩的櫻花，到時不論坐在岸邊或是在河中划船，都是絕佳浪漫的賞櫻場所，因此馬上被我列入未來春天的賞櫻行程裡。

這裡的午餐菜單中各種口味的義大利麵和披薩是人氣的大眾料理；也有開胃前菜、沙拉、任選主菜和飲料的超值套餐；還有各種特色單品料理，從餐廳的菜色中多少也可以感受到神樂坂的獨特異國風味。我們點了一個經典卻大眾化的瑪格麗特披薩和一盤貝果特餐，披薩上面香醇濃厚的莫札瑞拉起司在燒烤後彈力十足，咬一口馬上可以感受到它那連綿不絕的柔韌度，再與紅色番茄醬和綠色羅勒組合在一起看似簡單，卻能夠展現出義大利披薩的代表，純粹樸實的食材美味就是歷久不衰的經典滋味。另外一道夾著奶油起司、洋蔥和燻鮭魚的貝果，再搭配一點翠綠沙拉與幾樣開胃小菜，也是一個簡單清爽的美食拼盤，在風光明媚的河畔景致伴隨下，所有的餐點都變得更有風味。

晚上店家會增加各種豐富的單點選擇，還有多種店家的創意料理，非常精彩，詳細的菜單內容可以查閱官網。於夜晚點一杯美酒和幾樣美食慢慢品嘗，在夜幕低垂的景色中，相信這裡的河岸景觀又是不一樣的感覺，希望不久的未來我們會在月光下再度來訪。

INFORMATION

CANAL CAFE
📍 東京都新宿區神樂坂1-9
🕐 星期一～六11：30 ～ 22：00；星期日和國定假日11：30 ～ 21：30
🌐 www.canalcafe.jp

和絕品泡芙相遇！
BISTRO」與各式美味可口的麵包、精緻餐點
麵包控必看！在「RACINES BOULANGERIE &

如果你是個麵包控，一定要來池袋的這一間「RACINES BOULANGERIE & BISTRO」（以下簡稱「RACINES」）享用他們的各式麵包和精緻餐點，其中口感極佳的英式吐司、超值午餐和絕品下午茶甜點，太令人驚豔！用完餐後，還可以外帶店裡引以為豪的特製泡芙回家或回飯店裡慢慢享受，大塚家的吃貨們甚至認為他們的泡芙真是絕品美味！

「RACINES」是位於從池袋車站走來約7分鐘的一間時尚餐飲店，雖然在地下室，但門口綠意盎然的清爽自然風，會讓路過的人眼睛一亮而想進去一探究竟，就算是單獨一人的女性朋友也不會覺得難以進入。由於「RACINES」的現烤麵包太受歡迎，最近他們還在餐廳附近開了一間麵包坊，一進來馬上可以聞到一陣陣現烤麵包的香氣瀰漫在空氣中，美味可口的各式麵包陳列在展示台上，溫暖的色調與麵包職人專心工作的模樣，令人不禁期待會與什麼樣的烘焙美食相遇。

「RACINES」是一個講求自然派的療癒系餐廳、酒吧兼麵包坊的團隊，光是在池袋地區就有數間餐廳分店和一間主要的麵包坊，以有機蔬果、自然清新派酒精飲料和採用天然酵母自家手工製作的麵包為主，希望讓來店裡的客人們，能夠感受到輕鬆愉快的

餐飲氣氛與安心美味的各式料理。我們家也常會外帶「RACINES」的麵包、甜點和沙拉醬回家，只因想把他們的美味延伸到家裡去。

　　尤其是他們的絕品泡芙，無論口感還是滋味都有自己獨特的個性，和一般的泡芙不太一樣。它的外皮宛如可頌麵包般酥脆，裡面夾著滿滿的卡士達奶油，不論是外層酥皮麵包，或是內餡的奶油夾心都非常紮實飽滿。他們的泡芙共有大小兩種尺寸，小的精緻、大的霸氣，吃完後是一種難忘的滿足感，可說是目前我們認為最好吃的泡芙之一！

　　還有我們家小姑特別喜歡「RACINES」在聖誕節時，會特別製作的一種來自德國的聖誕節甜點「Stollen」，每年聖誕節前幾天，她就會開始注意他們的販賣時間。充滿洋酒芳香的醃漬水果和堅果散布在紮實的麵包質地裡，最外面再鑲上一層白色的巧克力奶油與糖霜，吃起來有濃濃的華麗節慶感，特別適合年底的歡樂時刻。另外他們的天然無添加沙拉醬，採用淡路島洋蔥、廣島有機大葉和日本國內各地新鮮蔬菜製成，我們家吃過一次後就愛上它清爽卻韻味無窮的風味。

通常下午2點過後店裡的客人幾乎70%都是女性，她們主要的目標大多都是「RACINES」的下午茶甜點，雖然會不定期變換餐點內容，但我吃過讓人記憶深刻的是一份豐盛的三層下午茶組合，附上無限制續杯的茶飲。茶飲種類有豐富的選擇性，例如：特製皇家奶茶、季節性變換口味的水果茶、花草茶和各種混合薰香紅茶等，冷熱皆有。

三層下午茶組合不僅外觀吸睛力十足，連口味都無懈可擊，最上層是酥酥脆脆的藍莓丹麥麵包，上面的水果會因季節變換而更替，另一個就是可頌麵包外皮的泡芙，裡面有香濃滑順的卡士達奶油，在店裡也是人氣外帶甜點之一；中間一層是瑪芬、英式鬆餅和奶油麵包卷的組合。其中的英式鬆餅建議趁著溫熱時享用最美味，與旁邊附上的蜂蜜、藍莓醬和奶油一起品嘗，真是絕配。將英式鬆餅從中間切開塗上藍莓醬與奶油是個人最喜歡的吃法，這時再喝一杯紅茶，味蕾都被滿足了。

最後一層是玉子燒三明治和培根香酥麵包的組合，那滑嫩多汁的玉子燒夾在柔軟綿密的吐司裡，吃進嘴裡後，當香濃的蛋汁滲透到帶點甜味的吐司中，整個滑順甜美的口感非常迷人，一下子就吃光，且還意猶未盡。旁邊的培根香酥麵包精緻小巧，這時配上皇家奶茶，讓整個餐飲過程充滿各種豐富的滋味，難怪他們的烘焙美食大受歡迎。

Stollen。

　　如果在午餐時間去，可以享用他們的午間套餐，任何套餐都會附上店裡經典的英式吐司和有機生菜沙拉。青翠豐盛的沙拉做成圓形花圈的模樣讓人眼睛一亮，胃口也跟著大開，旁邊附的是「RACINES」最經典又高人氣的翠綠色沙拉醬。隨著吐司而來的奶油竟然好吃到讓人一吃上癮，與烤得香噴噴的英式吐司，簡直就是天作之合，保證令人一吃難忘。每一個套餐的主菜都各有魅力，有日本國產牛赤身牛排、天元豚燒烤、特製漢堡排、美櫻雞胸肉、自家製的酵母熱烤三明治，或低糖質白胡麻核桃麵包，搭配西式香腸與炒蛋等等，不定期還會更換菜色，讓人期待再度回訪。

　　非常建議大家在「RACINES」的餐廳享用完餐飲後，移動到他們附近走路不到1分鐘的自家麵包坊，保證進去後會像我們一樣，情不自禁地把店裡魅力無窮的麵包大量帶走。此時如果有看到那款我們家喜愛的絕品泡芙，一定要多入手幾個，喜歡泡芙的人可能會愛上它喔！

INFORMATION

RACINES BOULANGERIE & BISTRO

🏠 東京都豐島區南池袋2-14-2 ジュンクドウ書店池袋ビル B1

🕐 午餐11：00 ～ 15：00；下午茶14：30 ～ 17：00（平日），15：00 ～ 17：00（假日）；晚餐18：00 ～ 23：00（平日），18：00 ～ 22：00（假日）

🌐 racines-bistro.com

燒肉、串燒、日式料理、Bakery，通通介紹給你！
前例的自我特色！我的法國菜、義大利菜、
東京話題人氣餐廳「俺の系列」創造了許多史無

傳説中東京的話題人氣餐廳「俺の系列」，是日本「俺の株式会社」所經營的一連串連鎖餐廳，以便宜的價格提供昂貴的食材，再做出自己獨特的創意料理為其主要特色。自2012年的第一間「俺のフレンチ」（我的法國菜）開始打響名號，接著陸陸續續展開了各式各樣「俺の系列」餐廳。有法國菜、義大利菜、西班牙菜、日本料理，甚至連品項細分的專門料理，例如：串燒、蕎麥麵、黑輪、高湯、烘焙麵包、咖啡等都紛紛登場。每家餐廳的名字皆冠上「俺の」的字樣，強調自我風格，以合理的價格吃得到奢華的料理，是他們最大的賣點，同時講求米其林等級廚師自己獨特的創作料理與經常變換的菜色，吸引了廣大的消費者。

為了維持高成本低價格的生存競爭，「俺の系列」餐廳採取「高回轉」的經營方式：餐廳的座位盡量小巧，有些甚至還有站立式座位等，都是為了要降低其他的開銷，來支持以低價位享用高檔食物的理念。根據我們的經驗，一定要點各家餐廳所推出的限定MENU，這些限定MENU都是他們所謂的低價格卻高成本的創作料理，甚至有些號稱還是在赤字的情況下做出來的。因為每天限定MENU的數量有限，所以建

議除了要先在網路上訂位或是早點去排隊外，還要早點點菜，才能先下手為強！

「俺の系列」餐廳還有一個特色，就是有些店鋪會提供現場演奏，有各種樂器的演奏、爵士樂、古典音樂、歌曲演唱等，通常在晚餐的時段分場次進行，一場約20分鐘，所以一個人會另外酌收數百日幣的費用。經營者表示這樣的做法是為了提攜更多的音樂家，讓他們有地方發揮自己的才能，同時在美妙的音樂陪伴下享用一流的美食，何樂而不為呢？其實若以這樣的價格能夠享受一場現場音樂表演，可說是滿值得的事，在大家熱情的掌聲下，進行一場奢華又美味的饗宴，別有樂趣。接下來讓我們來認識幾間最具代表的「俺の系列」餐廳。

🌸「俺のフレンチ」(我的法國菜)

「我的法國菜」是我們第一次去的「俺の系列」餐廳，當時深深被他們奇特的經營方式所震撼，同時也被他們華麗又具創意的料理所驚豔。那天晚上可說是經歷了一場奇幻之旅，有音樂、美食、美酒，但花費卻不高，只是座位有點擠、全場爆滿，但卻也是開啟了我們日後光顧一連串「俺の系列」餐廳的一個特別儀式，讓人記憶猶新。

大塚先生一進去馬上點了當天的限量牛排，前面有各式各樣的沾醬，牛排的品質好到不用說，連旁邊的配角薯條口感都極為細膩，好吃得不像只是炸薯條！另一道鵝肝黑松露牛排從「我的法國菜」開幕以來，馬上成為店裡的經典招牌菜到現在，上面的鵝肝好大一塊，讓人相信它的成本幾乎就是它的定價。結果這鵝肝太美味，讓大塚先生馬上又點了他們的招牌菜：鵝肝可樂餅。可樂餅裡滿滿都是鵝肝泥，不小心奔流出來的鵝肝泥和醬汁混合後，再用法國麵包沾來吃，簡直是絕品。

還有一道魚子醬鮑魚慕斯，裡面的鮑魚超大塊，食材高檔、口感極佳，廚師把這些具有濃厚個人特色的食材，用他獨創的慕斯串聯起來，吃起來很

爽口，更凸顯出食材的新鮮與特性。接著限量的海鮮料理，賣點是食材的品質、鮮度及廚師製作醬汁的手腕，不得不說醬汁果然是法國料理的生命，可以將食材點綴得更出色精彩。另一款季節香煎白魚排，躺在濃郁香醇的法式白醬上，清爽淡雅的白魚和白醬一起入口後，讓味蕾都歡愉起來，我們只能一邊吃一邊頻頻點頭直呼：「BRAVO！BRAVO！」於是，自從拜訪了「我的法國菜」後，就讓我們開始對其他「俺の系列」餐廳產生濃厚的興趣！

🌸「俺のイタリアン」（我的義大利菜）

「俺の系列」餐廳裡「我的法國菜」和「我的義大利菜」各有很多分店，每家分店的主廚都各有特色，所以菜單也不太一樣，此外，也可能每隔一陣子再去，就會吃到不同的創意料理。我們在「我的義大利菜」吃到的限定菜色是每日只有五道的淡路島產一整隻活伊勢蝦和鵝肝料理，伊勢蝦肉質鮮美、Q嫩十足，配上可口的燉飯，著實令人讚賞連連，店家強調這又是一道虧本赤字的料理。

令人驚豔的是主廚用了一些我們平常吃不太到的稀有蔬菜，烹飪手法都盡量展現出蔬菜的原汁原味，因此每一種蔬菜入口後，頗讓人驚覺原來蔬菜可以這麼好吃！最後的結尾是日本網路部落客們推薦的白酒蛤蜊義大利麵，大家推薦它是因為蛤蜊超大，味道夠棒！

　　以往「俺の系列」餐廳大多是一道一道單點的方式出菜，再由同桌的人一起分享，但在疫情的影響下，最近推出了「社交距離套餐」，為了減少一起分食同一道食物的機會，廚師們會事先將料理分成一人份的方式出菜。前菜是一大盤各式各樣的精緻小菜拼盤，其中一整顆新鮮海膽加上魚子醬的點綴馬上滿足了我們的味蕾，旁邊則是奢華度十足的黑松露可樂餅。緊接著登場的是一整顆莫札瑞拉起司，香濃順滑，讓大家吃得非常滿足、過癮。

　　陸續上場的是一整條炸星鰻、口味任選的義大利麵和那道在「我的法國菜」是經典必點的鵝肝黑松露菲力牛排，將整個套餐帶到最高潮，饕客們的味蕾也被寵愛到極點。喜歡豐盛華麗的食材與分量十足的朋友們，應該會喜歡「我的義大利菜」的這款社交距離套餐。最後的甜點是香濃無比的北海道牛奶冰淇淋，裡面還隱藏了傳說中宮崎縣出產的黃金太陽芒果，用它來當美食饗宴的結尾最完美了！

🌸「俺の燒肉」（我的燒肉）

　　「我的燒肉」以前只有在傍晚才開始營業，現在也會提供中午特惠時段，這次要特別介他們中午的超值A5黑毛和牛套餐，可以吃得很滿足，絕對是

旅行中省錢的好去處！內容有黑毛和牛數種綜合套餐、黑毛和牛肉片拼盤套餐、嚴選部位和限量套餐等，另外也有冷麵、辣拌麵、烤牛肉丼飯，以及本月的推薦定食等，價格都非常親民。

如果要享受和牛各種部位肉質的不同，非常建議點黑毛和牛綜合套餐；如果特別喜歡牛舌和牛五花的人，可以點選他們極上品質的嚴選部位套餐。我們當天點的是蔥花鹽牛舌和牛橫隔膜肉套餐，因為滿喜歡這兩個部位的牛肉，所以想專心集中享用。原本牛舌沾檸檬汁的吃法最普遍，但如果店裡有提供蔥花鹽的吃法，請一定要試試看，一吃就會上癮的。牛舌烤過後的油脂和蔥花鹽特別絕配，再跟白飯一起吃進嘴裡，美味無窮。

另外，在晚餐時段去的話，可以盡情享用他們的華麗菜單，A5和牛各個部位的單點及奢華的綜合大拼盤都有，限量的菲力和夏多布里昂也很吸引人。此外，他們不定期會有一些特別食材，例如：松阪牛的饗宴，幻想一下松阪牛的菲力、五花和里肌肉，吃起來該有多麼幸福啊！

🌸「俺のやきとり」（我的串燒）

「我的串燒」標榜合理的價格、米其林星級的主廚和高檔的食材，這裡可以用親民的價位吃到比內雞、黑毛和牛、海膽、鵝肝、鮑魚、各式新鮮的海鮮等，不單單只是串燒而已。他們的鵝肝料理採日式作法，之前在「我的法國菜」和「我的義大利菜」品嘗到的鵝肝料理是我們比較熟悉的洋式作法，而日式的鵝肝料理非常清爽，若不是有壓倒性的鮮度，是無法呈現出半生熟的鮮嫩口感。

既然來到「我的串燒」就要集中享用串燒燒烤，每一種肉類和部位都值得點來品嘗，

例如：雞腿肉串燒、燒烤雞翅、絞肉丸串燒、雞肝串、雞皮串等，除了雞肉外，豬肉、牛肉，甚至羊肉也是美味的串燒食材，若能再搭配一杯啤酒一起享用會更棒。

季節性的料理也是一大亮點，あいなめ（大瀧六線魚）沾滿海膽泥的炙烤及大瀧六線魚的湯我們都點了，這些都是平常吃不太到的料理。最後來一道鯛魚茶泡飯當結尾，每一片鯛魚都沾上香濃的芝麻醬，建議先配白飯吃幾口享受一下鯛魚的鮮味，接著把旁邊小碟子裡的蔥花、芝麻、芥末等加進來，再將熱騰騰的玄米茶倒入飯中，爽口的茶泡飯能大大滿足渴望溫柔結尾的脾胃！

「俺の割烹」（我的日本料理）

「我的日本料理」目前只有一間，位於銀座新橋地鐵站出來約3分鐘的地方，喜歡日本料理的朋友們可以來這裡享用日式奢華與新鮮創意，是一種經典與現代融合的嶄新吃法。首先日本料理一定要點的綜合生魚片，新鮮和價格合理絕對是他們的訴求，除了傳統沾哇沙比醬油外，店家還準備了一些特殊吃法，例如：讓客人更能吃出生魚片鮮美的蘿蔔泥，以及作口味變化的海苔泥等。

季節限定也是「我的日本料理」展現創意與誠意的地方，其中的海膽伊勢蝦肉凍，光是有海膽和伊勢蝦就知道非點不可；另一道強調直接用成本價

定價的毛蟹料理，可以看出店家打算這道菜不想賺錢了，每一口都是滿滿大海的滋味與恩惠；再來一道限定黑毛和牛炙燒，分量十足、連骨帶肉一起華麗登場，讓我們的視覺和味覺都十分享受。重點是黑毛和牛的美妙滋味在日式橘醋醬與蘿蔔辣椒泥的點綴下，顯得更加清爽鮮嫩，和一般的燒烤又是不一樣的感覺。

接著幾道小菜也很精彩，超大尾炸蝦天婦羅特別酥脆，卡滋卡滋的口感，到現在我都還記憶猶新，可以沾天婦羅的蘿蔔泥醬汁，也可以直接沾胡椒鹽，兩者各具風味。最後在炸魚丸、烤豆腐、靖壽司和甜點蓮藕麻糬，當然還有現場演奏的陪伴下，一場美味與音樂的幸福之旅隨著月色入夢，都成為難忘的回憶。

🌸「俺のBakery & Cafe」

「俺の Bakery & Cafe」把想做出日本第一麵包為抱負的專業職人們集合在一起，從小麥粉的混合、發酵控制到麵包的燒烤，皆有專門的職人各司其職，店裡的招牌商品就是「俺の生食パン」（我的生吐司）。嚴選岩手縣「なかほら牧場」自然放牧乳牛的脫脂乳，再加上專業職人的手腕，將牛奶的獨特甘美完全在吐司中釋放出來，紮實卻柔軟綿密的口感，連吐司邊都韻味無窮，讓人一吃就上癮。

店裡可以購買吐司和各式果醬外，也提供多種吐司料理和甜點讓消費者能夠盡情地享用他們的高品質吐司。有現烤出爐的銀座吐司「香」；有採用各地人氣食材製作而成的「俺の炸豬排三明治」，其肉質和獨創醬汁的魅力非常吸引人；還有高級雞蛋「奧久慈卵」的蛋沙拉三明治也是必吃菜單之一。

另外，開店以來一直頗受好評的厚玉子燒三明治，是由「俺のフレンチ」（我的法國菜）料理長精心設計的菜單，玉子燒的柔軟度和吐司的綿密度居然如此相配。日式高湯風味的玉子燒卻用芥末醬來襯托，別具特色的調味所擦出的火花令人回味無窮，吐司用的是銀座吐司「香」，把牛奶香和蛋香也

一併都融合進來了。最後，別錯過用吐司做成的各式甜點，例如：各種口味的法國吐司和小倉紅豆奶油三明治等，還有更多各店鋪限定菜單，可以查閱官網。

東京話題人氣餐廳「俺の系列」所創造出來的傳說，的確有其獨特的魅力所在，以上是我們體驗幾間後的心得，有些餐廳還重複去過數次，大致來說都頗值得拜訪。但因為各家分店的菜色和季節限定會不定期改變，有可能會遇不到我們在文章中分享的料理。另外，也不是每一間分店都有現場演奏的表演，還有各家的營業時間多少也不太一樣，更多詳細資訊請參閱他們的總官網！

INFORMATION

俺の系列

🌐 www.oreno.co.jp

季節限定口味＆午餐特惠套餐！
「HARBS」經典水果千層蛋糕＆日本必吃絕品蛋糕！

ちよだく 千代田區
CHIYODA-KU

ゆうらくちょう 有樂町
YŪRAKUCHŌ

相信來日本旅遊的大多數人絕對不會錯過品嘗當地甜點和蛋糕的機會，日本的蛋糕一直有著精緻與美味兼具的無窮魅力，其中最受台灣旅客歡迎之一的莫過於人氣高居不下的「HARBS」。這篇文章要介紹他們最受歡迎的水果千層蛋糕和各種季節限定口味，以及非常划算的義大利麵與蛋糕組合之特惠午餐。

「讓消費者吃完一片蛋糕後，可以有滿滿的滿足感，且打從心裡覺得好吃。」是「HARBS」創立時的初心，所以他們的蛋糕每一片都是讓人吃得飽、吃得好的8號（24cm）霸氣大尺寸。從名古屋的一號店走來至今，始終都是抱持著絕不冷凍，每一個蛋糕都是手工製造、新鮮直送到客人手上的堅持。如今他們已經在東海、關西和關東地區有數十間分店，甚至近年來還擴展到美國紐約，但其所堅持的本質依舊如初，這也就是「HARBS」的味道能深入人心、大受歡迎的地方。

通常「HARBS」的蛋糕櫃裡，會有十幾種蛋糕一字排開，任由消費者選擇，每個季節的不同限定口味和經典口味一起組合成的Monthly Cakes，最讓人期待。其中人氣最高的就是他們的經典水果千層蛋糕，一年四季都有，是許多蛋糕甜點控們的最佳選擇。

一層一層的可麗餅皮中夾著細膩的鮮奶油和各種水果，有奇異果、香蕉、草莓和兩種哈密瓜等，在質地輕盈、甜而不膩的鮮奶油包圍下，每一口都是美味無比的驚豔。除了一片有六層之多的可麗餅外，還吃得到柔軟綿密的海綿蛋糕鋪在最下面一層，雖然是薄薄的一層，但卻讓整個口感都豐盈起來，層層變化讓人驚喜不斷。

新鮮水果鮮奶油蛋糕也是「HARBS」另一個高人氣經典商品，和水果千層蛋糕不一樣的地方在於，它每一層是由海綿蛋糕夾著鮮奶油和各種季節水果組合而成。我們購入時正是夏秋之際，因此裡面有奇異果、夏季草莓、青肉哈密瓜和藍莓。雖然裡面的水果會隨季節而改變，但因為都是最美味的當季之旬，正是最甜美的時候，與巧妙控制甜度的鮮奶油結合在一起，互相襯托出最出色的一面，真是恰到好處。

喜愛「HARBS」**香蕉卡士達奶油派**的人也不少，在酥脆的派皮上鋪著滿滿大塊的香蕉切片，每片香蕉之間擠滿香濃甜蜜的卡士達奶油，最上面一層

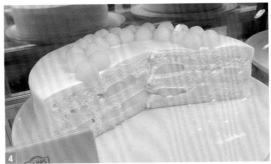

1 新鮮水果鮮奶油蛋糕； 2 香蕉卡士達奶油派； 3 草莓鮮奶油蛋糕； 4 哈密瓜鮮奶油蛋糕。

再鋪上柔美絲滑的鮮奶油，鮮奶油上方淋上與香蕉特別互搭的巧克力醬，畫龍點睛的效果完美呈現。雖然這款甜點的食材看起來沒有其他蛋糕華麗，但它自帶經典美味的不敗滋味，卻是許多老客人的心頭好，難怪每年都會定期出現在「HARBS」的蛋糕名單上。

草莓鮮奶油蛋糕一直是日本最受歡迎的NO.1，在各種節日的慶祝活動上，經常少不了它的蹤跡，同時它也是各大甜點專賣店的主力軍，「HARBS」的草莓鮮奶油蛋糕連夏季都有限定款的夏日草莓版。精緻小巧、酸味較明顯的夏季草莓在鮮奶油海綿蛋糕中扮演著清新爽口的角色，非常符合夏天的胃口。到了冬天，就變成了冬季草莓的主場，多了柔美的甜味與濃郁的芳香，和鮮奶油共譜出絕妙的平衡，想嘗嘗冬天和夏天不一樣風情的草莓滋味，「HARBS」的草莓鮮奶油蛋糕會是很棒的選擇。

而喜歡哈密瓜的朋友們一定要來品嘗這款**哈密瓜鮮奶油蛋糕**，有著獨特香味和甜美的青肉哈密瓜，甜度非常穩定，一靠近，香醇濃郁的芳香馬上撲

鼻而來，讓人陶醉。如此甜美香濃的哈密瓜，再與鮮奶油海綿蛋糕結合在一起，在嘴裡一起合奏出美妙的甜點圓舞曲，真的是一大享受。由於哈密瓜本身的甜度頗高，使得整片蛋糕充滿濃情蜜意的甜美風味，建議搭配一杯咖啡或紅茶，可以取得一個完美的平衡。

　　白桃生起司蛋糕也是夏季末的限定款，如果說到日本讓人驚豔的水果，一定會提到白桃，甜蜜多汁讓人一吃就忘不了！在帶點微酸的生起司蛋糕中，擁抱了許多片白桃，吃進嘴裡，芳香四溢的果肉瞬間滿足我們的味蕾，吃完還會唇齒留香，令人意猶未盡。酸酸甜甜的生起司風味與白桃之間有著奇妙的吻合度，最後一層細緻的海綿蛋糕增加了一些層次感，喜歡白桃的朋友千萬別錯過。

　　藍莓起司塔會在紮實富有奶油香氣的塔皮上，鋪滿厚厚的一層起司慕斯，最上方還有滿滿的新鮮藍莓，光是在視覺上就非常吸引人。藍莓的酸味和起司慕斯的甜中帶酸，有一種美妙的雙重酸勁，但藍莓下方的鮮奶油和果糖漿的甜味，又能把這股雙重酸味的後勁綜合得柔順溫和，特別適合喜愛微酸的朋友們。

1 生日蛋糕；
2 Lunch Service。

「HARBS」的秋天限定蛋糕也非常精彩，栗子和洋梨是主要的食材，其中的洋梨千層派是許多愛好者引領期待的季節限定商品。在一層層酥脆的派皮中夾著「HARBS」自豪的鮮奶油，濃郁香醇卻意外地輕盈，是其最大的吸引力。而包圍在這迷人鮮奶油中的是一片片糖漬洋梨，帶著微微的洋酒香在鮮奶油裡散發著獨特的魅力。另外，用栗子做成的和栗蛋糕塔也是秋季必吃的精選，其他栗子類的蛋糕也會跟著一起登場，是栗子控們最開心的時節。

　　其實「HARBS」除了期間限定蛋糕外，也有店鋪限定口味，記得有一次我們吃到丸之內大樓的店鋪限定King Chocolate Cake，上面有可愛的奶油小泡芙點綴，至今仍讓人難忘。此外，他們還提供一整個完整蛋糕可以買來當作**生日蛋糕**，光是一片蛋糕的尺寸就已經很大了，這整個圓形蛋糕更是霸氣奢華十足。相信無論是壽星還是祝賀的人，任誰看到都會驚喜不已，在旅途中買一個回飯店裡舉辦生日宴會，一定會成為難忘的回憶。

　　「HARBS」的特惠午餐Lunch Service可以吃到沙拉和任選一種口味的義大利麵，附紅茶、咖啡或果汁，飯後甜點是一半尺寸的本日蛋糕，這樣的套餐可以一次享用到餐點和蛋糕，非常經濟實惠。我和女兒吃過後被他們義大利麵一點也不吝嗇的食材所感動，但在飯後送上來的半片蛋糕吃完後，仍有莫名的空虛感，因此我們又點了一份Irish Cream起司蛋糕，吃完後又再外帶幾片自己喜歡的蛋糕回家慢慢享用，大大滿足。

　　「HARBS」蛋糕口味繁多，且隨著季節更迭，採用的水果都是當季最鮮美的代表，下次計畫來日本遊玩的朋友們，不妨將它列入行程中，品嘗自己最喜歡的口味，相信會是一個幸福滿滿的美味回憶！

INFORMATION

HARBS
🏠 東京都千代田區有樂町2-5-1 ルミネ有楽町店 ルミネ1 2F
🕐 11：00 ～ 21：00
🌐 www.harbs.co.jp

「ざくろ」（ZAKURO）！的殿堂！婆婆介紹給我的私房來到日本後讓我愛上日式料理

ちゅうおうく 中央區
CHUO-KU

ぎんざ 銀座
GINZA

相信嫁到日本的台灣媳婦很多，但像我這樣嫁來跟日本公婆和小姑住在一起的一定不多。其實對我來說，當初要來日本，將與婆家人住在一起，遠比面對新的環境、不通的語言和不同的文化還要令人害怕。永遠記得當初我只學了一個暑假的日文就搬來了日本，害得要跟我溝通的公婆和小姑必須用敬語我才聽得懂，因為剛開始學的日文都是敬語。為了消除大家在日常相處之間的尷尬，美食成了我們共同的溝通話題，在美味料理的陪伴下，很多原本相敬如賓的隔閡都漸漸淡化，多了享受美食的歡樂氣氛與人們最原始的食性，以及食欲展露帶來的坦誠相見。

這間讓我來到日本後愛上日本料理的餐廳「ざくろ」（ZAKURO柘榴）就是我家婆婆介紹給我的私房推薦餐廳，也是剛開始我和婆家住在一起時，婆婆常帶我去的餐廳。她說要把她最喜歡的銀座介紹給我，而銀座

裡有一間她從年輕時就愛上的料亭，為了增加與我相處的歡樂時光，進而拉近距離，婆婆覺得帶我去吃好吃的料理是最棒的方式。雖然我們不知去過多少次，但每一次我們都吃得很盡興，有很多我的第一次也是在這裡體驗的，因此它可說是帶領我接觸專業日式料理的殿堂，十多年來我對它的喜愛也跟婆婆一樣都沒有變。

「ざくろ」（ZAKURO）是一間傳統黑毛和牛涮涮鍋和壽喜燒的料亭，另外他們的單點料理也非常精緻可口，每一道都是昭和年間創業以來店家自豪的滋味。其中胡麻豆腐、蘆筍豆腐、胡麻醃漬鮪魚、燒烤椎茸、松葉蟹茶碗蒸、銀鱈西京燒、海鮮蔬菜天婦羅、茄子田樂、黑毛和牛相關料理、新鮮生魚片料理等，都是我們愛吃的菜色。晚上點一鍋黑毛和牛涮涮鍋或壽喜燒，再加點一些傳統日式小菜就非常豐盛。「ざくろ」的上品料亭手腕讓當初剛來日本的我見識到日本料理中的美味精華，從此就深深愛上這種內斂卻有深度和層次感的滋味。

如果覺得「ざくろ」的晚餐價位有點高，非常建議可以在午餐時間去享用他們的各種定食，這些魅力無窮的特惠午餐經常是我們去銀座的目的。例如：頗具人氣的黑毛和牛涮涮鍋、壽喜燒、日本國產牛里肌奶油燒烤定食等，且每一套定食都會附上他們家經典的蘆筍豆腐或胡麻豆腐、番茄沙拉、醃漬小菜、白飯和赤味噌湯。

另外，也有一些集「ざくろ」精華之大成的組合定食選擇，例如：可以任選兩品或三品料理組合而成的定食。從三種生魚片拼盤、蝦子與野菜天婦羅、日本國產牛里肌奶油燒烤、五種季節野菜、卵黃西京鹽燒烤魚、黑毛和牛燉煮、真鯛和23品種類生菜沙拉中自由選擇，每一道都非常有魅力。如果想來一個豐盛豪華的午餐饗宴，建議可以選擇菜色更豐盛的「ざくろの和食料理」，含有數品各具特色的日式料理，以及白飯、湯品和餐後甜點，可以讓饕客們盡情享受「ざくろ」專業級的好滋味。

最後要特別介紹他們的一道甜點，記得第一次吃到這裡的葛切涼粉「く
ずきり」，從此就對它念念不忘！葛切涼粉是一種用葛根粉做成的日式甜點，
葛根粉是從葛屬植物的根部提取出來的澱粉，用葛根粉做成的甜湯、葛切涼
粉、葛切粉條和葛餅等我都很喜歡。粉白中帶著透明的外觀、Q嫩的口感與冰
冰涼涼的觸感是其最大的特色，通常會淋上黑糖蜜一起享用。一般葛切涼粉是
以湯湯水水的方式出現，可以當鹹食也可以當甜品，例如：我們家在吃火鍋
時，偶爾會放葛切粉條進去，很像透明的麵條，其特別的口感令人印象深刻。

　　「ざくろ」的葛切涼粉盛裝在一個上下兩層的漆器裡，下面是放在冰水中
呈現清澈透明的葛切涼粉，上面則是甜蜜濃稠的黑糖蜜。將冰涼Q嫩的葛切
涼粉拿起來沾著黑糖蜜一起享用，當冰冰涼涼、QQ嫩嫩的口感與甜甜蜜蜜
的黑糖蜜在嘴裡共舞時，著實令人拍案叫絕！咻、咻、咻，一口接著一口，
真是絕品！

　　味道精緻細膩、服務貼心優雅、日式懷舊沉穩的空間，每個地方都烙印
到我心裡，所以每隔一段時間就會想去回味一下。這就是我家婆婆介紹給台
灣媳婦我的一個特別私房餐廳「ざくろ」，這次就由我來介紹給大家。

INFORMATION

ざくろ

地 銀座店　東京都中央區銀
座4-6-1銀座三和ビル B1F

時 平日午餐11:00～15:00，
晚餐17:00～22:00
假日午餐11:00～16:00，
晚餐17:00～22:00

網 www.zakuro.co.jp

文章的最後，還要介紹一間也是我剛來日本時，婆婆經常帶我去的「SHISEIDO PARLOUR」，因為同樣位於婆婆最愛的銀座，所以在這裡一併分享給大家。這間資生堂百年銀座咖啡「SHISEIDO PARLOUR」是一間有著人們心目中憧憬地位的老店鋪，永遠記得我第一次進去時，就被裡面精緻高雅的環境與體貼優雅的服務態度所感動。草莓百匯是婆婆在這裡點給我吃的第一道甜點，他們的草莓百匯用料奢華、產地嚴選，因此數量非常有限，且會因為這些夢幻草莓每日進貨的狀況，而提早停止販售也說不定。如果幸運的話，可以吃到採用岐阜縣揖斐郡產的「美濃娘」所做成的特級草莓百匯，極致的滋味與口感絕對無與倫比。

另外，他們的自家製蛋糕SET是下午茶的人氣必點，一份蛋糕和一款飲料的組合非常受歡迎，其中的草莓鮮奶油蛋糕千萬不能錯過，每一口都是「SHISEIDO PARLOUR」經典自豪的滋味。吃完了「ざくろ」後，若肚子還有空間，建議可以來這裡享用一下奢華優雅的下午茶時光，我家婆婆就是用這兩間最愛，來融化我們剛開始的隔閡與尷尬，美食果然有一種神奇的魔力。

INFORMATION

SHISEIDO PARLOUR

東京都中央區銀座8-8-3 東京銀座資生堂ビル 3F

星期二～六11：00 ～ 21：00；星期日、假日11：00 ～ 20：00（公休日：星期一，但遇假日不休）

parlour.shiseido.co.jp/shoplist/salondecafeginza

我的個性咖啡首選「Cafe Mame Hico」！
「三軒茶屋」夾雜著喧鬧與優雅的迷人色彩！
位於世田谷線上的

位於東急田園都市線和東急世田谷線上的「三軒茶屋」是世田谷區中一個繁華的商業區，也經常被列入東京居民最想居住的地方名單裡。除了有「高人氣住宅區」的標籤外，同時也具有「許多藝人居住的町」和被稱作「時尚之町」的頭銜。因此來「三軒茶屋」走一趟可以同時感受到繁華與寧靜的融合，在夾雜喧鬧及沉靜優雅中，探訪散落於巷弄裡的各種個性咖啡廳、甜點麵包坊等，是一件頗為享受的事，其中在這裡跟大家分享我的個性咖啡首選「Cafe Mame Hico」。

首先介紹一下從「三軒茶屋」車站出來，可以到它的地標「胡蘿蔔塔」商業複合大樓逛一逛，它的胡蘿蔔顏色外觀非常顯眼，頂樓的展望台可以眺望東京世田谷區的高空美景，白天夜晚各有不同風味。再來還可以到車站前的「Eco仲見世（エコー仲見世）商

鈴蘭通。

Cafe Mame Hico。

店街」與「**鈴蘭通**」等地感受一下當地的庶民生活風情，我在這裡遇到和台灣小吃街非常相似的景觀，一股親切與懷舊感頓時湧上心頭，有點想家了！

　　接著繞到另一頭的巷弄裡，開始探訪坐落於各處的咖啡廳與甜點麵包坊，是逛「三軒茶屋」的主要樂趣，這裡有一間我個人非常喜歡的氣質咖啡廳「Cafe Mame Hico」，自從在店裡吃到他們的鬆餅麵包後，一吃成主顧，在店內享用完畢後，還不忘外帶幾個回家。鬆餅麵包當正餐和甜點都非常適合，最棒的吃法就是放進烤箱裡烤個3到4分鐘後（中間翻面一次），在上面加上一塊奶油再烤1分鐘，當奶油慢慢融化到鬆餅麵包的四周時，就是享用的最佳時刻。早餐時間就可以如此直接烤來享用，或者再淋上楓糖漿及蜂蜜，美味更加分。另外，可以搭配任何配料，例如：蛋包、生菜沙拉、火腿等等，還可以從中間切開，夾一些食材做成三明治，一頓豐富的早餐，讓人一天活力十足。鬆餅麵包也很適合下午茶時間，若是在上面加上一些冰淇淋、鮮奶油和各式水果會更棒，這個口感介於鬆餅和麵包之間的鬆餅麵包真是正餐、甜點兩相宜。

「Cafe Mame Hico」本是一間專業的烘焙咖啡店，非常講求咖啡豆的品質和烘焙技巧，他們的咖啡豆是自家在北海道無農藥栽培的，所以有機會來此，千萬別錯過他們的優質咖啡。另外，店裡的秋季限定烤蘋果甜點也很值得品嘗，熱騰騰剛出爐的烤蘋果加上一球香濃的牛奶冰淇淋，一邊吃一邊看著冰淇淋融化與蘋果果肉結合在一起，視覺和味覺都是一大享受！

在天氣晴朗的日子裡，點一杯咖啡坐在外面靜靜享受這條寧靜的住宅街道，無論是觀看街邊風情，或是閱讀書籍都非常愜意。回家前再到店裡去外帶幾個鬆餅麵包、咖啡豆或果醬，做為下一次再訪之前的餘韻儲藏，當漸漸品嘗完畢之時，也是提醒我該回訪的時候了。

INFORMATION

Cafe Mame Hico
🌐 東京都世田谷區太子堂4-20-4
🕐 星期一～五10：00～14：00，15：00～20：00；星期六、日和國定假日09：00～14：00，15：00～20：00
💻 www.mamehico.com

「三軒茶屋」的巷弄裡還有許多有趣的店鋪可以慢慢挖掘，走著、走著竟然讓我發現了將台灣茶品融入現代元素的台南「**蜷尾家**」也登陸東京，他們各種獨特口味的冰淇淋是最吸引人的地方。當天吃到東方美人茶冰淇淋和限定的茶凍飲時實在是太感動了，這都要感謝日本人對台灣美食愈來愈喜愛的趨勢。相信「蜷尾家」會選擇「三軒茶屋」作為他們進軍日本的第一個基地，應該就是看上這裡擁有自己獨特風味、融合復古與時尚、夾雜繁華與沉靜的特色。

就在享受完家鄉味後，走出來沒多久，又遇到另一個家鄉味「**鹿角巷**」，當珍珠奶茶在日本掀起一股風潮後，於日本街頭可以看到各式各樣的珍珠奶茶店，對我們在日台灣人來說算是一件令人開心的事。雖然價格比台灣本島貴出許多，但能夠解鄉愁就好，於是我又馬上進去外帶兩杯並開心地照起相來，這也算是一種人生的四大樂事之一：他鄉遇故知嗎？

1 2 三軒茶屋巷弄；3 東急世田谷線；4 5 鹿角巷；6 7 蜷尾家；8 Cafe Mame Hico。

　　探訪完「三軒茶屋」，非常建議跳上**東急世田谷線**的路面電車繼續探險去，這裡是這條路線的起點站，如果有時間，可以買一張一日券到自己有興趣的車站看看。世田谷站的世田谷二手市集、松陰神社站前的松陰神社、宮の坂站的豪德寺等皆是人氣知名景點，這條全程只有十個車站、共17分鐘車程的世田谷線，若放慢腳步尋訪，也會很有故事。

私の旅行手帳、ぶらり東京、思い出ダイアリー

我的私藏旅居手帖，漫步東京、寫下日常

東京慢旅

東京ぶらり旅

書　　名	東京慢旅：我的私藏旅居手帖，漫步東京、寫下日常	
作　　者	大塚太太	
主　　編	譽緻國際美學企業社・莊旻嬑	
校對編輯	譽緻國際美學企業社・許雅容	
美　　編	譽緻國際美學企業社・羅光宇	
封面設計	洪瑞伯	
發 行 人	程顯灝	
總 策 劃	程顯灝	
總 編 輯	盧美娜	
美術編輯	博威廣告	
製作設計	國義傳播	
發 行 部	侯莉莉	
財 務 部	許麗娟	
印　　務	許丁財	
法律顧問	樸泰國際法律事務所許家華律師	

藝文空間	三友藝文複合空間
地　　址	106 台北市安和路 2 段 213 號 9 樓
電　　話	（02）2377-1163
出 版 者	四塊玉文創有限公司
總 代 理	三友圖書有限公司
地　　址	106 台北市安和路 2 段 213 號 9 樓
電　　話	（02）2377-4155、（02）2377-1163
傳　　真	（02）2377-4355、（02）2377-1213
E－m a i l	service@sanyau.com.tw
郵政劃撥	05844889 三友圖書有限公司
總 經 銷	大和圖書股份有限公司
地　　址	新北市新莊區五工五路 2 號
電　　話	（02）8990-2588
傳　　真	（02）2299-7900
初　　版	2022 年 11 月
一版三刷	2023 年 04 月
定　　價	新臺幣 450 元
I S B N	978-626-7096-20-8（平裝）

◎版權所有・翻印必究
◎書若有破損缺頁請寄回本社更換

國家圖書館出版品預行編目（CIP）資料

東京慢旅：我的私藏旅居手帖,漫步東京、寫下日常/大塚太太作. -- 初版. -- 臺北市：四塊玉文創有限公司, 2022.11
面；　公分
ISBN 978-626-7096-20-8(平裝)

1.CST: 旅遊 2.CST: 日本東京都

731.72609　　　　　　　　111015701

三友官網

三友 Line@

五味八珍的餐桌
品牌故事

60 年前，傅培梅老師在電視上，示範著一道道的美食，引領著全台的家庭主婦們，第二天就能在自己家的餐桌上，端出能滿足全家人味蕾的一餐，可以說是那個時代，很多人對「家」的記憶，對自己「母親味道」的記憶。

程安琪老師，傳承了母親對烹飪教學的熱忱，年近 70 的她，仍然為滿足學生們對照顧家人胃口與讓小孩吃得好的心願，幾乎每天都忙於教學，跟大家分享她的烹飪心得與技巧。

安琪老師認為：烹飪技巧與味道，在烹飪上同樣重要，加上現代人生活忙碌，能花在廚房裡的時間不是很穩定與充分，為了能幫助每個人，都能在短時間端出同時具備美味與健康的食物，從 2020 年起，安琪老師開始投入研發冷凍食品。

也由於現在冷凍科技的發達，能將食物的營養、口感完全保存起來，而且在不用添加任何化學元素情況下，即可將食物保存長達一年，都不會有任何質變，「急速冷凍」可以說是最理想的食物保存方式。

在歷經兩年的時間裡，我們陸續推出了可以用來做菜，也可以簡單拌麵的「鮮拌醬料包」、同時也推出幾種「成菜」，解凍後簡單加熱就可以上桌食用。

我們也嘗試挑選一些熟悉的老店，跟老闆溝通理念，並跟他們一起將一些有特色的菜，製成冷凍食品，方便大家在家裡即可吃到「名店名菜」。

傳遞美味、選材惟好、注重健康，是我們進入食品產業的初心，也是我們的信念。

冷凍醬料做美食

程安琪老師研發的冷凍調理包，讓您在家也能輕鬆做出營養美味的料理。

冷凍醬料的 5 大優點

省調味 × 超方便 × 輕鬆煮 × 多樣化 × 營養好

選用國產天麴豬，符合潔淨標章認證要求，我們在材料和製程方面皆嚴格把關，保證提供令大眾安心的食品。

 三友官網
 五味八珍的餐桌官網
 五味八珍的餐桌 FB
 程安琪鮮拌味 FB
 程安琪入廚40 年 FB
五味八珍的餐桌 LINE @

聯繫客服 電話：02-23771163　傳真：02-23771213

程安琪

冷凍醬料調理包

冷凍家常菜

香菇蕃茄紹子

歷經數小時小火慢熬蕃茄，搭配香菇、洋蔥、豬絞肉，最後拌炒獨家私房蘿蔔乾，堆疊出層層的香氣，讓每一口都衝擊著味蕾。

雪菜肉末

台菜不能少的雪裡紅拌炒豬絞肉，全雞熬煮的雞湯是精華更是秘訣所在，經典又道地的清爽口感，叫人嘗過後欲罷不能。

一品金華雞湯

使用金華火腿（台灣）、豬骨、雞骨熬煮八小時打底的豐富膠質湯頭，再用豬腳、土雞燜燉2小時，並加入干貝提升料理的鮮甜與層次。

麻辣紹子

麻與辣的結合，香辣過癮又銷魂，採用頂級大紅袍花椒，搭配多種獨家秘製辣椒配方，雙重美味、一次滿足。

北方炸醬

堅持傳承好味道，鹹甜濃郁的醬香，口口紮實、色澤鮮亮、香氣十足，多種料理皆可加入拌炒，迴盪在舌尖上的味蕾，留香久久。

靠福‧烤麩

一道素食者可食的家常菜，木耳號稱血管清道夫，花菇為菌中之王，綠竹筍含有豐富的纖維質，此菜為一道冷菜，亦可微溫食用。

3種快速解凍法

想吃熱騰騰的餐點，就是這麼簡單

1. 回鍋解凍法

將醬料倒入鍋中，用小火加熱至香氣溢出即可。

2. 熱水加熱法

將冷凍調理包放入熱水中，約2～3分鐘即可解凍。

3. 常溫解凍法

將冷凍調理包放入常溫水中，約5～6分鐘即可解凍。

私房菜

純手工製作，交期較久，如有需要請聯繫客服
02-23771163

紅燒獅子頭

程家大肉

頂級干貝 XO 醬